抖音+抖音火山版+剪映+多闪
多平台操作与运营全攻略

孙素华 孙良军◎编著

人民邮电出版社

北京

图书在版编目（CIP）数据

抖音+抖音火山版+剪映+多闪多平台操作与运营全攻略 / 孙素华，孙良军编著. -- 北京 : 人民邮电出版社，2021.4

ISBN 978-7-115-55519-9

Ⅰ. ①抖… Ⅱ. ①孙… ②孙… Ⅲ. ①网络营销 Ⅳ. ①F713.365.2

中国版本图书馆CIP数据核字(2020)第252108号

内容提要

本书紧跟时代潮流，涵盖了抖音短视频各个平台的操作和运营，以实用为准则，重点讲解行之有效的实际操作和运营方法，着重培养读者的实际操作能力。

本书共分 8 章，全面介绍了抖音、抖音火山版、多闪等平台的基本操作和运营，以及短视频的拍摄与剪辑技巧，内容包括短视频入门、抖音短视频内容策划与平台介绍、拍摄高质量的抖音短视频、抖音火山版使用技巧、剪映剪出美好生活、手把手教你玩转多闪、抖音引流和涨粉技巧、抖音直播等。另外，本书提供了丰富的教学资源，包括教学大纲及 PPT 课件，以及实例的视频素材文件，供读者学习与使用。

本书非常适合短视频和新媒体行业的工作人员使用，同时也可以作为各类社会培训机构的教学用书。

◆ 编　　著　孙素华　孙良军
责任编辑　张丹阳
责任印制　马振武
◆ 人民邮电出版社出版发行　　北京市丰台区成寿寺路 11 号
邮编　100164　　电子邮件　315@ptpress.com.cn
网址　https://www.ptpress.com.cn
临西县阅读时光印刷有限公司印刷
◆ 开本：700×1000　1/16
印张：11.5
字数：253 千字　　2021 年 4 月第 1 版
印数：1 – 3 000 册　　2021 年 4 月河北第 1 次印刷

定价：49.80 元

读者服务热线：(010) 81055410　印装质量热线：(010) 81055316
反盗版热线：(010) 81055315
广告经营许可证：京东市监广登字 20170147 号

Preface 前言

近两年抖音等短视频平台强势崛起，用户规模超速增长，聚集成庞大的流量洼地。自从抖音短视频火爆起来之后，不仅吸引了众多草根和名人入驻，还吸引了很多企业和商家。目前，越来越多的企业开始使用抖音短视频开展市场营销活动。为此我们编写了本书，以便让读者更切实地理解抖音全平台操作技巧，获得短视频运营的新能量，成为抖音短视频领域的行家。

本书主要内容：

本书共分为8章，具体内容包括：短视频入门、抖音短视频内容策划与平台介绍、拍摄高质量的抖音短视频、抖音火山版使用技巧、 剪映剪出美好生活、手把手教你玩转多闪、抖音引流和涨粉技巧、抖音直播等。

本书特色：

- **多平台操作与运营。**本书是短视频平台操作与运营的实战宝典，介绍了抖音、抖音火山版、多闪等平台的操作和运营，以及短视频的拍摄与剪辑技巧。
- **案例操作性强。**本书通过大量精彩案例，介绍了短视频的编辑操作和运营过程与方法，带领读者轻松入门。
- **图解教学，按图索骥。**本书以图解的体例形式，一步一图，让读者在实操过程中更直观、更清晰地掌握短视频的制作方法和技巧。
- **丰富的实战经验。**本书涵盖了作者多年短视频和直播的经验，包含短视频运营操作的经验和技巧。

由于作者知识水平有限，书中难免有疏漏之处，恳请广大读者批评指正。

RESOURCES AND SUPPORT

资源与支持

本书由“数艺设”出品，“数艺设”社区平台（www.shuyishe.com）为您提供后续服务。

■ 配套资源

实例效果文件：实例的素材视频文件。

教学资源：教学大纲及配套PPT课件。

资源获取请扫码

“数艺设”社区平台，为艺术设计从业者提供专业的教育产品。

■ 与我们联系

我们的联系邮箱是 szys@ptpress.com.cn。如果您对本书有任何疑问或建议，请您发邮件给我们，并请在邮件标题中注明本书书名及ISBN，以便我们更高效地做出反馈。

如果您有兴趣出版图书、录制教学课程，或者参与技术审校等工作，可以发邮件给我们；有意出版图书的作者也可以到“数艺设”社区平台在线投稿（直接访问 www.shuyishe.com 即可）。如果学校、培训机构或企业想批量购买本书或“数艺设”出版的其他图书，也可以发邮件联系我们。

如果您在网上发现针对“数艺设”出品图书的各种形式的盗版行为，包括对图书全部或部分内容的非授权传播，请您将怀疑有侵权行为的链接通过邮件发给我们。您的这一举动是对作者权益的保护，也是我们持续为您提供有价值的内容的动力之源。

■ 关于“数艺设”

人民邮电出版社有限公司旗下品牌“数艺设”，专注于专业艺术设计类图书出版，为艺术设计从业者提供专业的图书、U书、课程等教育产品。出版领域涉及平面、三维、影视、摄影与后期等数字艺术门类，字体设计、品牌设计、色彩设计等设计理论与应用门类，UI设计、电商设计、新媒体设计、游戏设计、交互设计、原型设计等互联网设计门类，环艺设计手绘、插画设计手绘、工业设计手绘等设计手绘门类。更多服务请访问“数艺设”社区平台www.shuyishe.com。我们将提供及时、准确、专业的学习服务。

CONTENTS

目录

第1章 短视频入门

第2章 抖音短视频内容策划与平台介绍

第3章 拍摄高质量的抖音短视频

第4章 抖音火山版使用技巧

CONTENTS

目录

第5章 剪映剪出美好生活

第6章 手把手教你玩转多闪

第7章 抖音引流和涨粉技巧

第8章 抖音直播

CONTENTS

目录

第 1 章

短视频入门

短视频适合在碎片化时间观看，信息量集中，吸引越来越多的用户观看，正在成为新的营销风口。抖音是一个帮助广大用户表达自我，记录美好生活的短视频分享平台，有丰富多样的玩法。

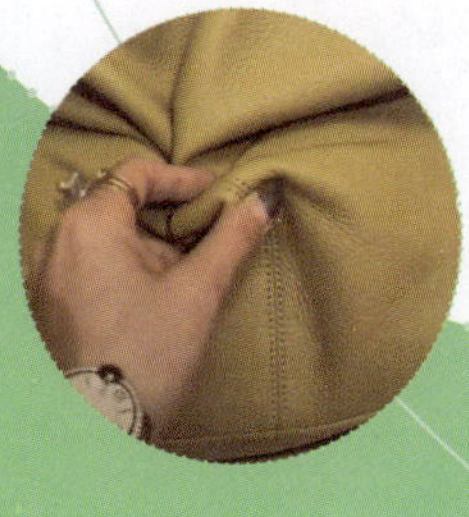

1.1 从零开始认识短视频

短视频给每个创作者非常大的发挥空间。什么是短视频？短视频营销有哪些优势？下面将逐一介绍。

1.1.1 什么是短视频

短视频是一种视频长度以秒计算，依托移动智能终端实现快速拍摄和编辑，可在社交媒体平台上实时分享的一种视频形式。短视频不同于文字、音频那种单一的内容模式，它融合了文字、音频和视频，使用户在接收内容时更加立体化。

短视频是对社交媒体现有主要内容（文字、图片）的一种有益补充。同时，优质的短视频内容亦可借助社交媒体的渠道优势实现传播。目前，视频是最受互联网使用人群喜爱的内容形式。与纯文字相比，视频更加生动形象，其包含的信息量更大，看视频所花费的精力更少。

市场上的短视频App数量众多，如图1-1所示。

图1-1 短视频App

1.1.2 短视频的营销优势

短视频营销是企业和商家借助短视频这种媒介形式进行营销的一种方式。很多企业现在已经意识到短视频是提升品牌知名度的最佳方式之一，开始使用短视频开展市场营销活动。

短视频营销的优势如下。

1. 短视频是大脑更喜欢的语言

研究数据表明，大脑处理视频的速度要比纯文字快很多倍。从人体本能来说，比起图像和文字，视频内容集声音、动作、表情于一体，更具视觉冲击力，可以让用户更真切地感受到情绪并引起共鸣。同时，在生活节奏越来越快的时代里，短视频这种碎片化的信息获取方式和社交方式越来越受到人们的欢迎。

2. 品牌传播

短视频可以轻松地植入品牌，或在短视频中向用户传递品牌形象，产品形态是多样化的，产品维度可以是人、画面、场景、情节等，用户的接受程度更高，同时用户还可能对广告进行二次传播。图1-2所示为利用抖音进行品牌传播。

图1-2 品牌传播

3. 互动性强

短视频主播可以和用户互动，每个用户都可以对视频进行点赞、转发、评论，用户在评论区对主播及内容进行评论，主播一般会针对评论做出回应，当用户看到自己的评论被回复时，评论的积极性自然就更高了。

> **提示**
>
> 随着各大互联网巨头纷纷部署短视频行业，各类短视频App涌入市场，短视频竞争已进入白热化阶段。想要实现可持续发展，就必须投放大量的优质短视频，而短视频往往需要配合背景音乐，音乐的版权及数量是制作短视频时要考虑的必要因素。

1.2 短视频的类型

目前各大平台上的短视频类型多种多样，下面从短视频渠道类型、短视频生产方式来介绍不同类型的短视频。

1.2.1 短视频渠道类型

短视频渠道就是短视频的流通线路。按照平台特点和属性，短视频可以分为5种渠道，分别是资讯客户端渠道、在线视频渠道、短视频渠道、媒体社交渠道和垂直类渠道，具体如下表所示。

短视频渠道类型

资讯客户端渠道	今日头条、百家号、企鹅媒体平台、网易号媒体开放平台、一点资讯等
在线视频渠道	大鱼号、搜狐视频、爱奇艺、腾讯视频、第一视频、爆米花视频等
短视频渠道	抖音、快手、微视、火山小视频、西瓜视频等
媒体社交渠道	微博、微信、QQ空间等
垂直类渠道	淘宝、京东、蘑菇街、礼物说等

1.2.2 短视频生产方式类型

按生产方式短视频可以分为UGC（用户创作内容）、PUGC（专业用户创作内容）和PGC（专业创作内容）3种类型。

UGC：全称为User Generated Content，指用户创作内容，即普通用户（非专业个人生产者）自主创作并上传内容。这块如果用得好，不仅可以节省很多内容产出成本，而且内容更接近用户群，容易引起共鸣。UGC具有数量大、内容质量参差不齐、商业价值不高的特点。

PUGC：全称为Professional User Generated Content，指专业用户创作内容。专业用户指拥有粉丝基础的“网红”或者有某一领域专业知识的意见领袖。其优势是既具有UGC的广度，又可通过PGC产生的专业化内容更好地吸引、沉淀用户。

PGC：全称为Professional Generated Content，指专业创作内容。通常独立于短视频平台，给用户提供更权威的内容，以转化或吸引更广泛的潜在用户关注。

1.3 短视频带来的发展机遇

短视频可以记录事件发生时的画面及声音，做到全方位地体现场景，使用户能够与他人进行实时的社交分享，给人们带来了很多发展机遇。

1.3.1 短视频行业发展特点

短视频是继文字、图片、传统视频之后新兴的互联网内容传播形式。近两年，随着移动互联网的普及，短视频以较低的技术门槛，以及便捷的创作和分享方式迅速获得了用户青睐。短视频具有如下特点。

1. 短视频发展迅速

短视频用户加速增长，据《中国网络视频精品研究报告（2020）》数据显示，截至2020年3月，中国网络视频用户（含短视频）规模达到8.5亿，占网民整体的94.1%，较2018年底增长1.26亿。其中以“抖音”为代表的短视频异军突起，短视频用户高达7.73亿，在网络视频中占比接近91%。

2. 短视频竞争越来越激烈

越来越多的视频制作团队开始加入短视频创作者的行列，竞争越来越激烈，更需要短视频创作者不断学习新的技能，提升团队的创新能力，创作更多优质内容。

3. 短视频商业化能力不断提升

短视频能够链接多元场景，在商业变现方面显现强大能力。有数据显示近60%的用户因为观看短视频而产生消费行为。短视频商业变现途径多元化，广告定制、打赏、直播带货等为主要方式。

4. 短视频内容将越来越垂直化、专业化

用户对垂直细分领域的优质内容会产生更大的需求，内容生产行业将出现一批垂直领域的短视频平台。而垂直领域内容和平台的用户群体将更加精准，具有相同特点或共同兴趣，在精准营销方面更具商业价值。短视频平台需要保证有价值的优质内容能持续涌现，垂直化、差异化的内容已成为平台的核心竞争力。图1-3所示为垂直化的保险行业短视频内容。

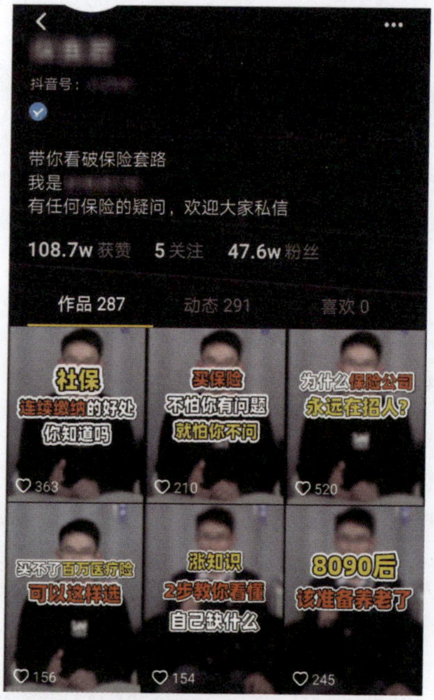

图1-3 垂直化的保险行业短视频内容

1.3.2 短视频社交电商模式

在短视频日渐火爆的当下，电商企业开创了“短视频+社交+电商”新模式，将产品与短视频紧密地连接了起来。

短视频社交电商平台与传统的电商相比，更具有主动性，更加重视用户与运营的内容。

短视频电商模式主要是商家通过短视频内容进行推广，使消费者进入购买页面下单，如图1-4所示。

在制作相关短视频的时候，一定要让内容与用户连接起来，建立起用户与产品的链接。电商短视频可以成为企业与用户之间进行社交的通道。企业通过短视频向用户传递自身品牌的观点，而用户则在观看过后通过购买或留言的方式进行反馈，如图1-5所示。

要想产品被更多的用户注意到，不扩大传播范围是不行的。商家在拍摄短视频之后想要得到良好的传播效果，主要依靠用户的分享。短视频的分享与传播，是商家在与用户建立社交关系之后，通过用户的关系网再度与其他用户建立联系的一个过程。这种传播以网状结构向外扩散，每一个在社交圈子中的用户都是潜在的消费者。如图1-6所示，用户可以将短视频分享给私信好友、微信好友或分享到朋友圈等。

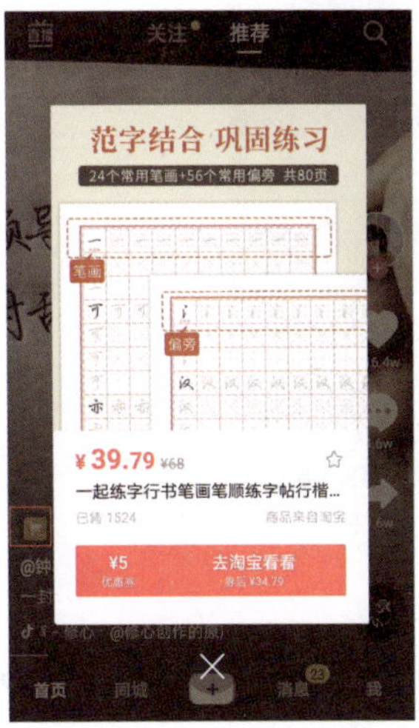

图1-4 短视频社交电商模式

图1-5 观看后购买

图1-6 分享给好友

1.3.3 短视频营销的趋势

基于互联网、云计算与智能手机的发展，用户对短视频内容的获取变得更容易，随时随地掏出手机观看短视频已成常态。短视频营销具有以下趋势。

1. 短视频营销依然火爆

随着快手、火山小视频、多闪、抖音、西瓜视频的走红，短视频迎来了大爆发。有趣、有内容的短视频受用户喜爱程度高，将产品巧妙地植入其中，既不尴尬也不生硬，还能为产品带来一定的曝光，甚至转化率。图1-7所示为将产品植入短视频中的案例。

2. 用户对内容的要求更高

无论是短视频、自媒体、公众号还是传统的网络广告，对营销内容质量的要求越来越高，单一、枯燥、广告性较强的内容必将被逐渐淘汰。

相较于单一讲述品牌故事的广告内容，集声音、动作、表情于一体的短视频更有趣，更具备能够触动用户内心的内容表达力。

3. 内生广告成风向标

短视频广告已经从贴片模式进入内生广告模式。内生广告打破了传统模式的限制，相比用户体验差的贴片广告和用户感知度不高的植入广告，内生广告是基于内容而衍生出的新型广告模式，如图1-8所示。

图1-7 产品植入短视频中

图1-8 内生广告

4. 高分享性和互动性

短视频广告内容如果足够好，就可能会引起粉丝的自发分享，为品牌创造与用户沟通的新方式，同时也能提高广告内容的点击率，如图1-9所示。

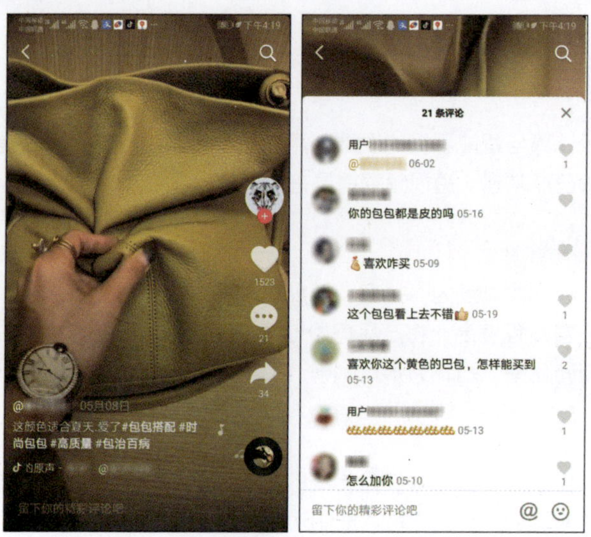

图1-9 高分享性和互动性

5. 整合营销是必经之路

当前网络营销竞争激烈，单一的网络营销方式已经不能满足企业的需要，短视频营销、整合营销成了他们必争的营销方式。将一系列的营销方式汇总并有条不紊地进行，从而获得流量的最大化。

1.4 短视频的变现方式

抖音作为商业平台，商业变现是其根本属性，抖音要维持运营，必然要寻求商业变现。下面介绍目前比较流行的短视频变现方式：电商卖货、广告植入、直播变现。

1.4.1 电商卖货

用户在抖音上花费的碎片和整块时间可以转化为强大的购买力。用户在观看过程中处于最放松的状态，在这种状态下最容易产生购买行为。

电商卖货的思路是利用抖音视频内容营销引流跳转到抖音小店或淘宝、天猫店铺，将抖音里大量的潜在客户引到自己店铺的下单页面。

现在很多抖音号的短视频底端出现了黄色购物车按钮，如图1-10所示，点击后弹出商品页面，点击“立即购买”可以直接购买商品，如图1-11所示。

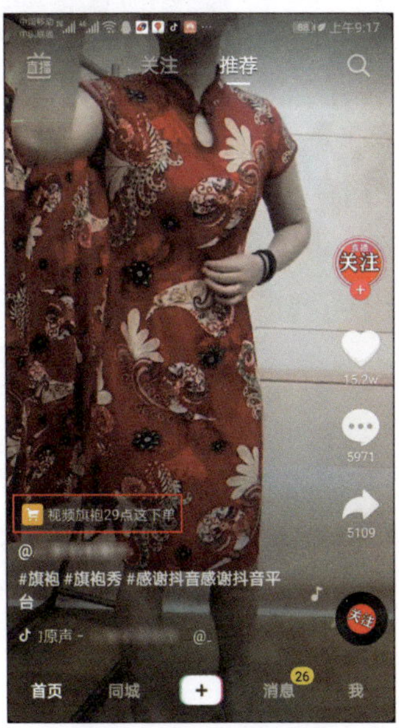

图1-10 黄色购物车按钮

图1-11 点击“立即购买”

在一些粉丝比较多的抖音账号中，也有“商品橱窗”导航，直接引导用户到商品橱窗购买商品，如图1-12和图1-13所示。

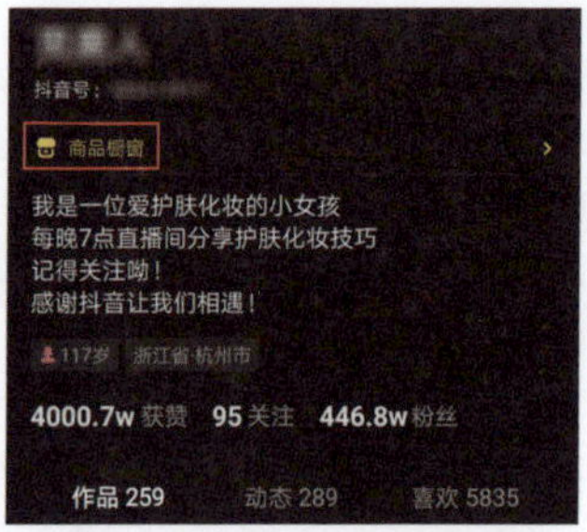

图1-12 点击“商品橱窗”

图1-13 商品橱窗

1.4.2 广告植入

接广告也是抖音目前主要的变现方式。随着短视频的发展，广告也越来越多地从传统硬广告发展到有创意的植入广告。抖音短视频以音乐为切入点，搭配表演等内容的创意表达形式，为用户创造丰富多样的玩法，进行广告植入，内容带动人气，并在抖音社区与众多用户互动，广告转化率高。

抖音通过精选优质视频，采用下滑即推荐新视频的展现方式，让用户可以持续在抖音App内观看视频。在用户下滑观看新视频时，不定期插入视频广告，如图1-14所示。用户如果对该广告有兴趣，会点击该广告视频做进一步的了解。

图1-14 抖音广告

1.4.3 直播变现

很多商家已经开始利用直播平台，聚拢粉丝来转化变现了。除了可以依靠粉丝打赏变现之外，还可以在直播中卖货。卖家边直播边卖货，消费者看到之后，就有可能购买。

品牌商家通过直播向用户推荐商品，相比通过硬广告、图文推荐，这样的购物体验不再是冰冷的货架或者单品推荐，而是丰满的内容型商品推荐。直播最大的优势就是可以快速地聚粉、沉淀和互动，进行二次营销，与售卖同时进行。图1-15所示为商家通过直播推荐商品。

图1-15　商家通过直播推荐商品

目前已经有部分抖音主播获得一项特殊权限，那就是可以在直播页面放出电商购物车按钮，点击按钮可以进入商品列表，粉丝可以边看直播边买东西，如图1-16所示。

图1-16　购物车

1.5 搭建高效的短视频团队

一个短视频从策划、制作到运营，每一步都有比较复杂的流程，需要建立团队来完成一系列的工作。

1.5.1 短视频人员从业能力要求

作为优秀的短视频创作者，团队中无论是谁都要具备一些基本的能力。下面介绍优秀的短视频从业人员应该具备的能力。

1. 用户感知能力

短视频从业人员首先要有用户感知能力。用户喜欢什么？什么内容更容易吸引用户？用户的痛点是什么？无论团队成员从事什么岗位，对用户的感知都是必备的能力。

2. 内容创作能力

内容是短视频的核心，短视频要想火，最重要的一点就是内容为王。团队策划人员要做出有创意的内容，更自然地在视频中植入广告。

3. 用户运营能力

对于运营人员来说，一定要明白各个平台的推荐算法机制。优秀的运营能增大产品推广效果，促进用户使用，提高用户对产品的认知度。

4. 大众审美能力

一个火爆的短视频，往往需要具有一定的美感。图片的选择、拍摄的角度、文案的策划、内容的剪辑等，都对团队成员的审美能力有基本要求。

5. 数据分析能力

短视频创作的整个过程都离不开数据的支持，用数据来指导内容方向的选择，指导拍摄剪辑时的侧重点。要想内容获得更多曝光，吸引更多粉丝，一定要从各个数据维度分析作品，从而摸索出规律应用到自己的内容上。

6. 学习能力

短视频领域的知识更迭较快，需要短视频创作人员不断在自己专业的领域摸索、创新，不断学习和进步，寻求突破。

1.5.2 团队角色

现在短视频制作已经从独自完成转变为团队合作，因为这样才更专业。要想拍摄出火爆的短视频作品，制作团队的组建不容忽视。那么完成一个专业水平的短视频作品的制作到底需要哪些角色呢？

1. 导演

导演是统领全局的职能角色，他主要对短视频的风格、内容方向，以及每一集内容的策划和脚本把关，另外在拍摄和剪辑环节也需要导演的参与。

2. 摄像师

摄像师是非常关键的，有一位优秀的摄像师，短视频便成功了一半，因为短视频的表现力及意境都是通过镜头语言来表现的。一个优秀的摄像师能通过镜头完成导演规划的拍摄任务，并给剪辑留下好的原始素材，节约大量的制作成本，更好地达到拍摄目的。

3. 剪辑师

剪辑师是短视频后期制作时不可缺少的重要职位。在短视频拍摄完成后，剪辑师需要对拍摄的素材进行选择与组合，舍弃一些不必要的素材，保留精华部分，还需要利用视频剪辑软件为短视频添加配乐、配音及特效。后期制作可以将杂乱无章的片段进行有机组合，形成一个完整的作品，这些工作都需要剪辑师来完成。

4. 运营人员

短视频的传播离不开运营人员对短视频的推广，运营也是很重要的一环，视频完成后如何获得最大的内容和栏目曝光、发往哪些平台渠道、怎样管理用户反馈等，这些都是运营人员要负责的工作。如果没有一个优秀的运营人员，无论多么精彩的内容，恐怕都会淹没在茫茫的信息大潮中。

5. 演员

演员需要上镜，应具备表现人物特点的能力，很多时候，团队成员也可以充当演员的角色。

6. 其他人员

其他人员如灯光师、录音师等，具体根据团队情况来设置。

另外，从经济角度考虑，很多的职能角色团队都是可以重复使用的，组合成为完整的视频内容创作组。

1.6 短视频的基本制作流程

现在越来越多的个人和团队进入短视频制作领域，那么短视频制作的基本流程是怎样的呢？

1. 明确选题方向

在拍摄短视频之前，首先要明确选题方向，一般首选自己擅长的领域。如果没有明确的方向，就难以吸引用户关注。

2. 短视频策划

为了能够更深层次地诠释内容，将短视频作品的主题表达得更清楚，在拍摄短视频时需要进行周密的策划。比较常见的短视频表现形式有吐槽式、解说式、演绎式、实操式等。

3. 撰写脚本

脚本相当于短视频的主线，侧重于表现故事脉络的整体方向。想要制作出别具一格的短视频，脚本的策划与撰写不可忽视。脚本是整个短视频作品中最重要的灵魂，为整个短视频的内容及观点奠定基础。

在短视频策划时脚本应该追求内容尽可能丰富完整，然后化繁为简，为拍摄执行提高效率。不要局限于脚本的条条框框，将短视频创作的拍摄细节、思路、人物对话、场景等内容丰富到视频脚本中，将一切需要的内容保留下来，那些不可控的、没有用处的内容则可以删除。这样不仅可以节省时间和精力，还更容易让短视频获得最好的效果。

4. 拍摄

脚本撰写完进入视频制作最重要的环节，就是拍摄环节。拍摄前要注意器材、相关道具和场景的布置准备，不要等到拍摄时才急急忙忙准备需要的东西。

短视频的拍摄除了对画面构成、光影色彩、影像清晰程度有一定的要求以外，还会对摄影师本身有一定的审美要求。

5. 剪辑

短视频拍摄完成后，接下来就是剪辑师的工作了，在剪辑的时候注重对一些画面的合理搭配，以及对一些特效和背景音乐的合理使用。

剪辑其实是一个二次创作的过程，这就意味着剪辑师不仅仅需要理解摄影师想要表达些什么，同时还需要充分了解观众想要看什么。一个好的剪辑师在短视频作品的剪辑过程中必须要抓住观众的“痛点”，运用剪辑技巧在最短的时间内抓住观众的眼球。

6. 视频发布和运营

短视频制作完成之后，就要进行发布和运营了。在发布阶段，创作者要做的工作主要包括选择合适的发布渠道、监控渠道短视频数据和优化发布渠道。只有做好这些工作，短视频才能在较短的时间内打入短视频营销市场，迅速吸引粉丝，进而获得知名度。

第 2 章

抖音短视频内容策划与平台介绍

抖音短视频由于其有趣、新潮、时尚、拍摄简单等特性，受到了广大年轻人的青睐。抖音能在众多短视频App中脱颖而出，其社交平台的属性和玩法是功不可没的。注册是玩好抖音短视频的第一步。本章就来介绍抖音App的安装、注册和安全设置方法。

2.1 抖音短视频

随着网络的逐渐普及，各种App层出不穷，不断丰富人们的闲暇时光，其中抖音作为后起之秀，拥有庞大的用户基础。

2.1.1 抖音到底是什么

抖音是一款可拍短视频的音乐创意短视频社交软件，是一个专为年轻人打造的音乐短视频社区。抖音上线之初，口号是“记录美好生活”，如图2-1所示。短短15秒，“抖友”（抖音用户的昵称）通过选择歌曲、拍摄视频来完成自己的作品。抖音还集成了类似美拍等App的镜头、特效、剪辑等功能，来尽量减少因为需要后期而造成的流量转移。

图2-1 记录美好生活

抖音上线之初，创作团队仅有几个人，上线不到半年就获得今日头条的投资。抖音不断改进用户体验，增加新的功能，抓住时下热点，让“抖友”始终保持着新鲜感。

随着抖音的发展，诞生了一批抖音达人，这些达人不仅仅给抖音注入了各类丰富多彩的内容，也因为抖音改变了自己的生活。

2.1.2 抖音受欢迎的原因

抖音短视频能够持续受欢迎，不仅因为它是一种新的娱乐方式，更因为它是一种全新的媒体营销方式。抖音受欢迎的原因有以下几种。

1. 展示自我

年轻人追求个性，喜欢分享，更喜欢娱乐，抖音刚好符合这几点。抖音最初的人群定位是有自我展示需求的创意达人，这些人的直接需求就是好玩，希望能更简单地拍摄出与众不同的视频，制作“魔性”MV，希望自己被认识、被关注。

2. 符合用户习惯

抖音通过“记录美好生活”的口号，界面切换符合年轻人向上滑动的习惯，衔接过程没有多余的介绍，视频时长一般比较短，大部分是15秒，理论上半小时就能刷120个视频。相对其他的软件，抖音短视频更符合碎片化时间阅读，相较于传统书籍文字，抖音短视频给了用户更好的体验。

3. 愉悦自我

进入发展期后，面对用户数量暴涨，抖音开始寻求更新鲜的玩法，不仅增加了滤镜、美化等特效，如图2-2所示，还增加了“尬舞机”的功能，这一新功能将跳舞机从线下搬到了手机上，用户使用抖音就可以玩体感游戏，如图2-3所示。

图2-2 滤镜特效

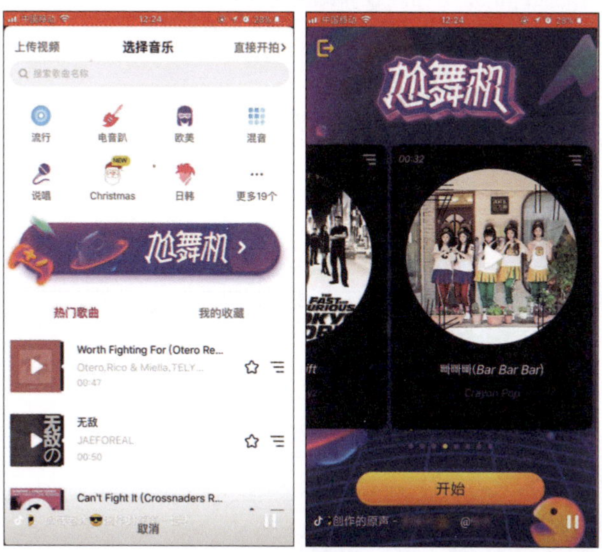

图2-3 尬舞机

4. 简单易操作

与其他视频制作软件相比，抖音短视频制作非常简单，不需要专业的拍摄工具，一部手机便可以搞定，并且抖音有专门的音乐库，可以直接选择音乐，如图2-4所示。因而抖音短视频为人人都成为导演和主角提供了可能。

图2-4 选择音乐

5. 流量可变现

随着抖音短视频用户的增多，许多主播都开始进行流量变现，在移动互联网时代，只要有可观的流量，就会有相应的价值。在高收入的刺激下，玩得好、有创意的主播开始精心策划和录制一些为品牌、商家做推广的短视频。

2.1.3 抖音让用户着迷的逻辑

很多人刷起抖音就停不下来，抖音让用户着迷的逻辑有哪些呢？

1. 触发

触发是促使用户做出下一步行动的诱因，抖音触发引起了用户对短视频中产品的兴趣，逐渐着迷。

触发分为两类。

一是外部触发，是指直接就能接触到的刺激或提示。在这点上，抖音采取了付费型触发和人际型触发两种手段。

（1）付费型触发：通过付费投放广告。

（2）人际型触发：口碑传播，主要在熟人中产生。

二是内部触发，是指产品要满足粉丝的情感要求。现代人生活节奏快、压力大，抖音正是抓住了人们这一情绪，在内容特点上主要有高效、酷炫、技能干货等方面。

2. 行动

当产生触发后，就要使人们行动起来，要做到这一点需要具备以下两个要素。

一是充分的动机，这决定粉丝是否愿意采取行动。抖音给粉丝的充分动机就是追求内心的快乐及群体认同感。

二是完成行为的能力，其主要影响因素有以下4点。

（1）完成这项行为所耗费的时间，一般一个抖音视频时长为15秒。

（2）完成这项行为所需要的经济投入，现阶段抖音粉丝无须投入。

（3）完成这项行为的体力，对粉丝来说，看抖音视频只需要动动手指。

（4）完成这项行为需要消耗的脑力，抖音的操作基本不需要粉丝思考。

3. 多变的酬赏

只有不断地吸引粉丝，才能将他们的行为培养成习惯，而多变的酬赏就是一个很好的方式。多变的酬赏主要有以下3种形式。

一是社交酬赏，指从产品中通过与他人的互动而获取的人际奖励，如抖音号的点赞、评论。

二是猎物酬赏，指从产品中获取的信息和资源，如抖音发送视频时长的增加或蓝V认证。

三是自我酬赏，指从产品中体验到的各种感觉，如抖音里的挑战带给用户的刺激感和成就感。

4. 投入

在粉丝享受酬赏之后，就要引导粉丝做投入，时间、金钱、情感或其他资源。

2.2 策划可持续的优质内容

用户的品位越来越高，优质的内容才是短视频吸引用户的核心因素。

2.2.1 优质内容的特质

短视频内容优质与否，主要通过以下特质来判断。

1. 鲜明的人设

鲜明稳定的人设是短视频给用户留下深刻印象的关键因素之一。当用户刷到你的视频时就知道你分享的是什么类型的内容。账号有自己独特鲜明的标签，是吸引精准用户并留住用户的重要因素。

以某家常美食类抖音号为例，粉丝超过了2100万。其最突出的特色就是美食教程，如图2-5所示，发布的视频基本上都有几十万甚至上百万的点赞量。独特的教程提供给了用户很高的体验感，粉丝黏性也很高。

图2-5 鲜明的人设

2. 独特的创意

内容的创意也是影响用户选择的关键因素之一。图2-6所示的抖音号拥有240万粉丝，其特点是将平淡无奇的生活创意通过小实验进行演示。

图2-6 独特的创意

提示

"拍同款"这一功能的开发和应用，一方面满足了大众对风格模仿和跟拍的需求，另一方面却也限制了人们创意的发挥，太多千篇一律的内容，让观众往往看到三分之一处就选择跳过、看下一个内容。

3. 知识性

用户对知识性内容的需求度较高，不管是科普类还是教育类，切实可用的知识，能让用户通过短视频获取有价值信息，更容易吸引用户关注。

抖音上某主播，将专业晦涩的物理知识通过生动有趣的短视频进行解析，简单易懂，如图2-7所示。

4. 娱乐性

娱乐性已经成为现代传媒的特点之一，很多内容都以娱乐的形式展现，以求带给人们趣味性的、放松的、愉悦的感官享受。观看短视频的用户大部分倾向于观看有趣的内容。那些能吸引用户的短视频，有一个不可忽视的特点，就是娱乐性。

图2-8所示的短视频主播将日常生活中的小事，通过娱乐搞笑的形式展现出来，更容易直抵用户内心。

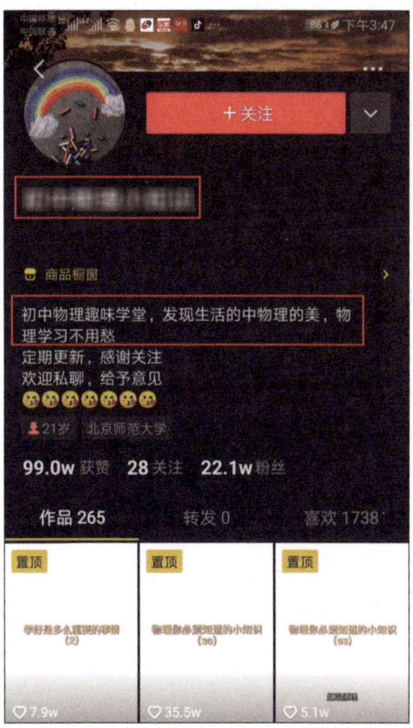

图2-7 知识性

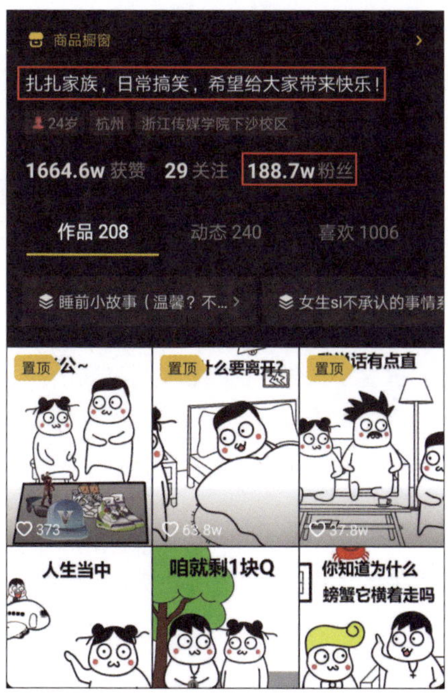

图2-8 娱乐性

5. 情感性

情感性的短视频往往能引发用户的情感共鸣，再折射到某种社会现象，如图2-9所示。这类内容由浅入深、由小及大、层层递进，瞬间抓住用户的痛点，有助于用户提高支持度，提升信任感。

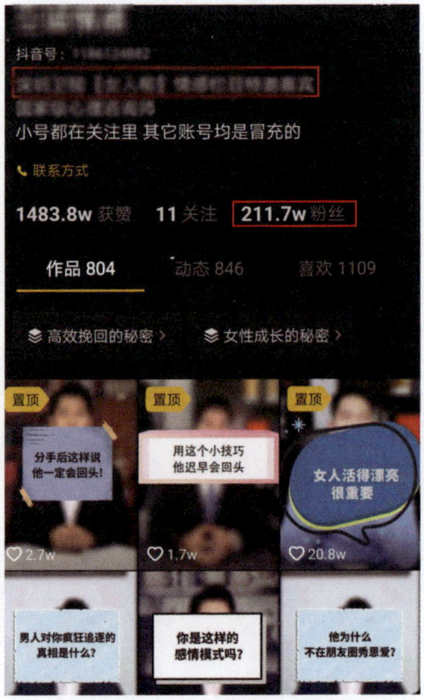

图2-9 情感性的短视频

6. 时长短

短视频的时长一般在15秒左右。在这个大前提下，我们需要做的是让自己的视频尽量简短，避免过于冗长而让用户心生反感，甚至直接取消观看。

2.2.2 内容的深度垂直

垂直化正成为短视频内容生产的趋势，用户更愿意为专业化、垂直化的内容买单，这也揭示了短视频内容创业的战略：垂直深耕。

优质的垂直领域创作者能够专心做好内容，借助现有的平台来发展，实现商业利益。一些垂直领域的内容主播虽然没有很强的粉丝基础，但他们可以结合社群进行变现，转化为业绩。

那么如何做垂直领域呢？

1. 聚焦某类目标人群

做垂直领域最常见的方法是确定核心目标人群，通过直击该人群痛点的内容去吸引他们，再通过符合其特质的内容和调性增加用户黏性。用户群可以主打年轻妈妈群体，也可以主打空巢老人这个群体。

2. 聚焦某类主题场景

根据短视频用户的主题场景进行纵深挖掘，在内容表达上突出场景化，与此类消费者进行深度对话。用户群可以主打旅游主题，也可以主打健身主题。

3. 聚焦某类生活方式

短视频除了要塑造品牌形象外，还要能够打造一种让用户愿意追随的生活方式。图2-10所示的抖音号展示了有山有水的田园生活，吸引了很多用户的关注。

图2-10 聚焦某类生活方式

2.2.3 内容的极致细分

对短视频来说，深度垂直是一个趋势，而细分则是在垂直行业版块中再挑选主要的业务深度发展。

如果把短视频市场比作一块蛋糕，细分就是市场中的切割思维，切割的方式可以有很多种，可以横着切，也可以竖着切。细分可以按地域分，如“XX在成都”“XX在深圳”，也可以按兴趣生活场景、知识单元分，如瑜伽是垂直类，那么亲子瑜伽就是垂直细分，周末亲子瑜伽就是深度垂直细分。

2.2.4 内容的持续产出

短视频发布的数量和频率也是非常关键的，更新数量越多，曝光概率越大。行业大“V”平均每天保持5条左右的新内容更新，大部分创作者保持每日更新或每周更新的频率。

那么为什么要保持持续输出的数量和频率呢？

1. 培养用户习惯

持续规律地输出内容，可以培养用户固定的观看习惯，增强用户黏性。当黏性足够强时，用户慢慢具备了粉丝属性，这时，如果不能持续输出内容，就容易被用户忘记。

2. 控制好发布内容和发布频率

控制好短视频的发布内容和发布频率，尽力得到用户的认可。如果发布过于频繁，每天10条以上，一是没有时间制作这么多短视频，二是不能保证视频的质量。

2.3 抖音热门内容策划

抖音热门内容怎样策划呢，有哪些热门内容呢？

2.3.1 高颜值的主播

颜值高的抖音主播更容易在第一时间就获取粉丝的好感。粉丝往往会点赞，回头观看的意愿也更高，评论互动的动力也更强。

不得不认可的一点是，高颜值是直播平台、视频平台流量的主要来源。一些高颜值的主播有时仅仅是翻拍了一个动作或者跳了段舞就可以收获几百万的点赞。但只靠颜值支撑的作品的生命力颇为脆弱，因为用户很快就会产生视觉疲劳。

2.3.2 搞笑段子

搞笑类的内容，覆盖范围广。搞笑类的内容包括讲笑话、搞笑情节剧及恶搞等。抖音最主要的使用情景是用户在碎片化时间里的消遣，当用户看了视频捧腹大笑时，点赞就成了顺其自然的一种奖赏表达。因此搞笑类的视频内容也容易上热点。

与其他类型的短视频相比，搞笑类视频的内容要求更高，必须有笑点，让人看了有点赞和转发的欲望。

> **提示**
>
> 在拍摄制作此类短视频时，可以借鉴其他短视频平台现有的段子进行演绎，因为这些段子视频本身就带有笑点，再演绎时可以夸张一些，就很容易让人捧腹大笑，引起更多的转发、评论和点赞。切记，不要直接将现成的视频拿过来发抖音，而是要模仿内容进行演绎，如果模仿得非常逼真或者另有一番味道，效果会非常不错。

图2-11所示就属于搞笑类的抖音号，该号在抖音上发布搞笑段子，吸引了大量粉丝的关注。

图2-11 搞笑段子

2.3.3 才艺表演

才艺表演是指通过剧情表演、音乐、舞蹈等展现出来的一类内容。抖音刚刚进入市场进行推广时，就是到各大高校艺术社团去做宣传，因此奠定了一定的艺术类人群基础。音乐和舞蹈类的内容，更能吸引粉丝的关注，图2-12所示的舞蹈短视频，点赞量、评论量、转发量均比较大。

图2-12 才艺表演

不过对才艺类短视频的要求比较高，表演能力要强，音乐要好听，舞蹈要好看，没有这方面才能的人是无法做这类视频的。

2.3.4 创意特效

创意视频总是比较容易吸引人眼球的，新颖和具有创造性的视频往往可以受到大众的期待，也是热门搜索的好帮手。图2-13所示为创意类视频。

现在跟风拍摄同类型视频的比较多，这种情况下尝试原创特效更能受到观众的喜爱。拍摄者要经过一定的思考，才能找到最适合自己的模式。

图2-13 创意类视频

2.3.5 萌娃萌宠

萌娃萌宠也是受众较多的短视频类别，如把宠物人格化，给它穿上衣服、给宠物配音等视频经常有很高的播放量。

可爱的孩子或者是宠物，就是两个字“卖萌”！通过一个动作、一个表情、一句配音，让观众觉得很可爱，那就成功了。那些被吸引的用户会忍不住的点赞甚至多次观看，这会让视频得到广泛传播。图2-14所示为萌宠狗狗的超级模仿秀。

据说，这种萌宠类内容有强大的心理治愈能力，能让人看完以后心情变得很轻松。可爱、有看头的内容，往往更容易抓取人们的眼球，关注量不容小觑。

图2-14 萌宠

2.3.6 美景分享

抖音中的美景分享类视频，可以带给人美的享受，令人向往，很容易引起关注。

2018年劳动节期间重庆洪崖洞成为新晋“网红”景点，洪崖洞火爆之后，李子坝穿楼轻轨、重庆磁器口古镇、解放碑夜景、朝天门，长江索道等也相继成为抖友“蹭”热度的旅游目的地。

重庆原本就是“网红”城市，抖音当中自然少不了重庆的景点，洪崖洞夜景非常有名，吸引了很多网友特意来这里录制视频，如图2-15所示。

2018年春节期间西安旅游非常火爆，西安大气绚丽的夜景在抖音视频中很抢眼，唐风古韵的西安夜景，受到了广大抖友的一致认可，如图2-16所示。抖音视频的传播带火了大唐不夜城景区，美丽的夜景，令人神往。

图2-15 特色景点洪崖洞

图2-16 大唐不夜城

2.3.7 励志类

励志类的内容也比较受欢迎，如果视频能够传递正能量、引起人们内心深处的共鸣，往往就会有很高的评论数与转发量。

励志正能量的内容很容易引起大家情感上的共鸣，易于转发、传播。这类内容往往用犀利文案加上情景，打造价值认同感，价值观认同则能带来追随式的关注，粉丝的黏性更强。

如图2-17所示，某抖音号发布的一系列励志类短视频，观看后让人感觉满满正能量。

图2-17 励志类短视频

2.3.8 实用技术

实用技术类的视频在抖音上一直都非常火，实用培训教程、美食类教程、生活技巧类等都属于此类。虽然这类视频内容的粉丝规模有限，但更加精准，可以带来更多转化。这类内容很好地利用了用户的收藏心理，人们总想着“先点赞收藏下来，未来可能会用得上”。

在抖音上有很多美食类视频，很多年轻用户不会做饭却渴望学着去做饭，视频中制作步骤简单、菜式精致、看起来色香味俱全的菜谱更适合他们。如图2-18所示，该抖音主播的短视频详细传授美食制作流程，实用性较高。

图2-18 实用美食制作技术

美食教程类的视频创作更像是菜谱短视频指导，把每道菜的制作步骤详细地拍摄出来，指导用户制作美食，视频制作的成本低，实操性强。美食教程类内容的创作，在教大家做菜的同时，可以配上文字进行讲解，还可以搭配动作进行演示。

2.4 抖音App的界面功能

抖音既具有工具属性，如有拍摄和制作短视频的功能，又具有社交属性，如分享和关注等。本节主要分析抖音的界面，包括“首页”界面、“朋友”界面、“消息”界面和“我”界面。

2.4.1 “首页”界面

注册并登录抖音号后，首先出现的就是“首页”界面，同时自动播放视频，显示相关的视频信息，如图2-19所示。点击用户头像下面的“+”按钮，即可关注该用户，点击“点赞”“评论”或“分享”按钮，即可进行相应的操作。

另外，双击视频可以进行快速点赞，如图2-20所示。点击视频播放界面则可以暂停播放，便于进行截图等操作。

图2-19　“首页”界面

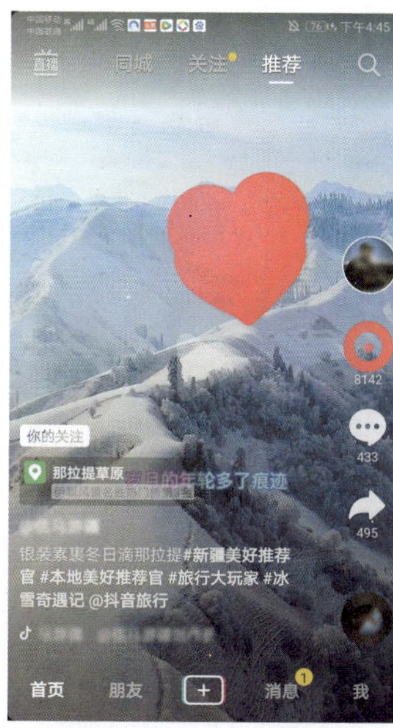

图2-20　双击视频快速点赞

“首页”界面包括“同城”“关注”和“推荐”模块，下面进行详细介绍。

“同城”会自动定位用户所在的城市，并推荐附近的优质短视频内容，如图2-21所示。在视频封面下方会显示相应的地址标签、视频信息内容等。

图2-21 “同城”界面

在“同城”界面中，点击右上角的“切换”按钮，用户可以切换查看其他抖音热门城市的本地化内容，如图2-22所示。点击右侧的字母序列，可以快速查找该字母拼音开头的城市名称，便于用户查找。

图2-22 切换城市

“关注”界面主要包括热门直播入口和自己已关注的账号短视频动态，短视频内容是自动播放的，如图2-23所示。同时，经过几次迭代优化后，抖音的界面形式已经接近朋友圈，进一步强调互动的重要性。

向下滑动屏幕，可以查看更多已关注账号发布的短视频内容，同时还可以查看点赞、评论、转发、分享数，以及发布日期等信息。

“推荐”界面中多为抖音平台自动推荐的短视频，上下滑动屏幕，可以查看更多推荐的短视频，如图2-24所示。

图2-23 “关注”界面

图2-24 “推荐”界面

2.4.2 “朋友”界面

朋友是指互相关注的人，在抖音短视频规则中互相关注的人才是朋友。“朋友”界面主要显示朋友的动态信息，如图2-25所示。

图2-25 “朋友”界面

2.4.3 “消息”界面

“消息”界面主要包括“粉丝”“互动消息”和“抖音小助手”等功能，如图2-26所示。点击“粉丝”按钮进入粉丝界面，可以查看近期关注你的用户信息，如图2-27所示。

图2-26 “消息”界面

图2-27 “粉丝”界面

点击“抖音小助手”按钮进入其界面，用户可以参加一些抖音的热门话题，获得更多上热门的机会，以及获取更多的点赞，如图2-28所示。

抖音目前有消息私信功能，可以向好友发送私信，并支持表情和图片的发送。粉丝可以通过这个功能与主播更进一步地互动，主播也可以在私信中回复粉丝，增强粉丝与抖音主播之间的一对一的对话互动体验感，如图2-29所示。

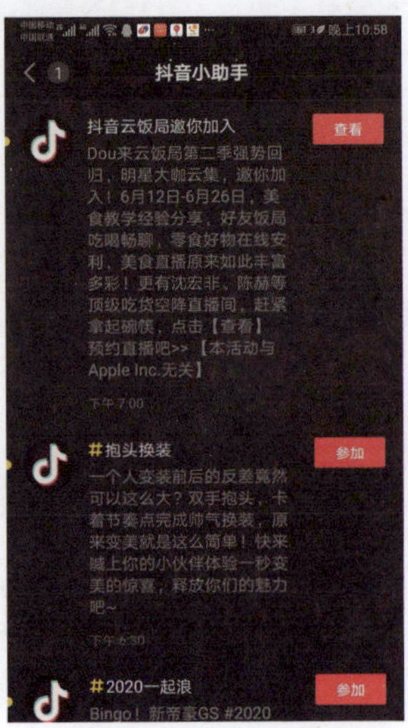

图2-28 抖音小助手

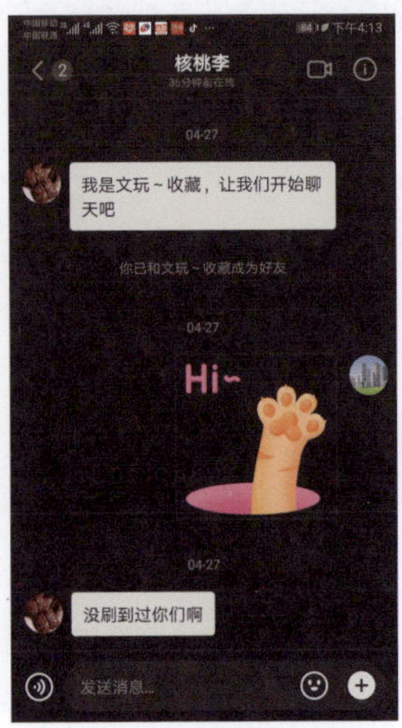

图2-29 消息私信功能

2.4.4 “我”界面

“我”界面主要包括账号信息的设置和作品管理两大功能。“我”界面上方显示用户的头像、抖音号、简介、标签及粉丝数量等信息，如图2-30所示。

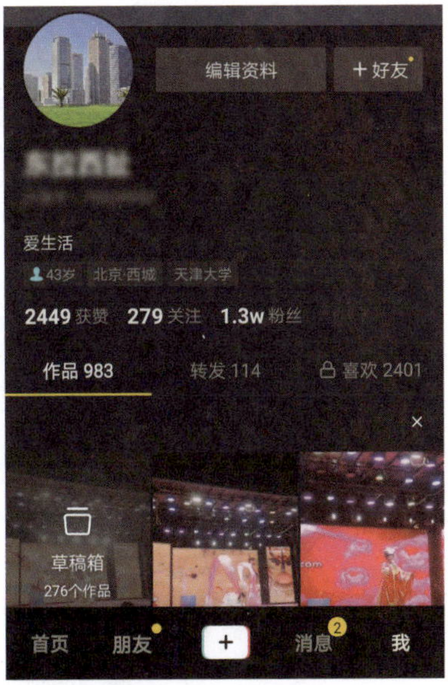

图2-30 “我”界面

2.5 注册抖音

设置抖音号是玩好抖音短视频的第一步。下面讲述抖音名字、抖音简介、抖音号头像等的设置与修改。

2.5.1 抖音名字

一个好的品牌名称可以使消费者对品牌有一个较好的认知。抖音名字也是一个品牌，非常重要。什么样的名字才是好的?

第一，易记。越顺口、简单越容易被记住。

第二，易理解。没有歧义，并与抖音主播的特征相符。

第三，易传播。不能绕口更不能有生僻字。

设置抖音名字的具体操作步骤如下。

步骤 01 进入抖音App主界面后，点击右下角的“我”，然后点击“编辑资料”，如图2-31所示。

步骤 02 进入编辑个人资料界面后，点击“名字”，如图2-32所示。

图2-31 点击“编辑资料”

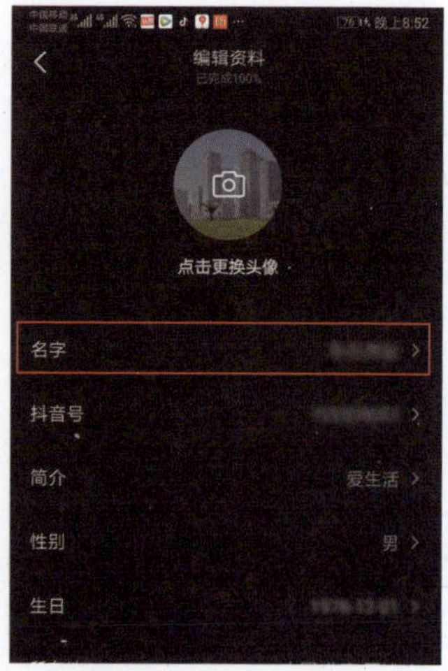

图2-32 点击“名字”

步骤 03 名字修改成功后，点击右上角的“保存”按钮，如图2-33所示，个人资料保存好后，就可以看到改好的新名字了。

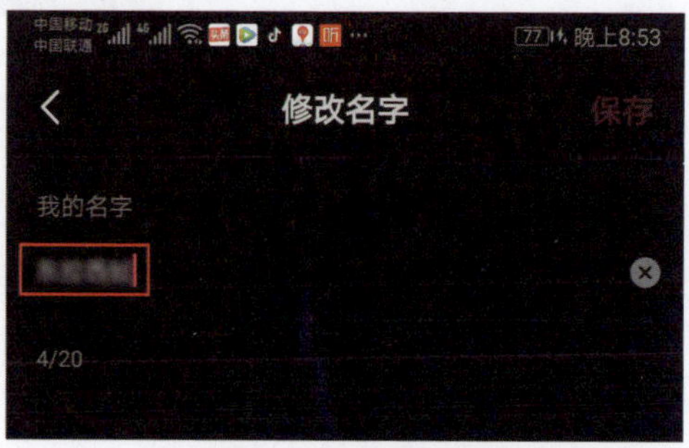

图2-33 名字修改成功

提示

如果实在不知道名字怎么取，建议看看同行和热门的视频，看看别人是怎么取的，看多了你就知道自己的抖音名字该怎么取了。一定要记住，不管名字怎么取，一定要方便传播，让人不反感，让人容易记忆，并且读起来不绕口。

2.5.2 抖音简介

虽然抖音简介只有几十个字，却非常重要。它不仅代表着主播的身份特点，还影响着最终的传播效果。在写简介时需要考虑以下3点。

（1）告诉观众抖音号是干什么的。

（2）找到一些特色关键词。

（3）不要有生僻字。

例如，某抖音号简介内容为“最新的投资和理财资讯”就符合了这3点。告诉观众关注自己就可以了解很多关于投资和理财的专业知识，这把自己的服务项目做了提炼，有这种需求的观众自然会关注他。图2-34所示为修改抖音简介的界面。

图2-34 修改抖音简介

2.5.3 抖音号头像

头像是别人用来识别你的一种途径，也是展示个性的一种手段，给人留下第一印象。

提示

抖音头像的选择标准如下。

第一，个人的抖音号，最好用自己的正面自拍照或正面全身照为头像。

第二，企业的抖音号，最好用企业的商标图案或者品牌名字为头像。

第三，头像必须让人产生好感、能让人记住，特别是对于潜在粉丝，看到头像的第一眼如果反感，很可能就会拒绝关注。

第四，符合自己的定位风格。不管是用自己的真实照片作为头像还是使用其他图片，最重要的是要统一风格。

第五，抖音头像一定要清晰，千万不要上传模糊不清的头像。

设置抖音头像具体操作步骤如下。

步骤01 在编辑个人资料页面，点击更换头像，如图2-35所示。

步骤02 弹出提示对话框，点击“相册选择”，如图2-36所示。

图2-35 点击更换头像

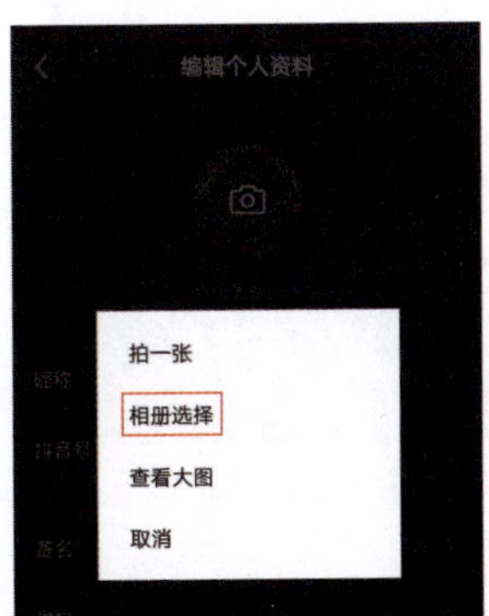

图2-36 点击“相册选择”

步骤 03 从相册中选择其中一张图片作为头像，如图2-37所示。

步骤 04 选择完成后，点击“确定”按钮，如图2-38所示。

图2-37 选择其中一个图片作为头像

图2-38 点击“确定”按钮

步骤 05 裁剪图片，裁剪完成后点击“完成”按钮，如图2-39所示。

步骤 06 更改后的头像如图2-40所示。

图2-39 裁剪图片

图2-40 更改后的头像

2.6 安全设置很重要

增强账号的安全性对抖音用户来说很重要，利用手机安全软件进行定期扫描和病毒查杀是有效的手段之一，如图2-41所示。

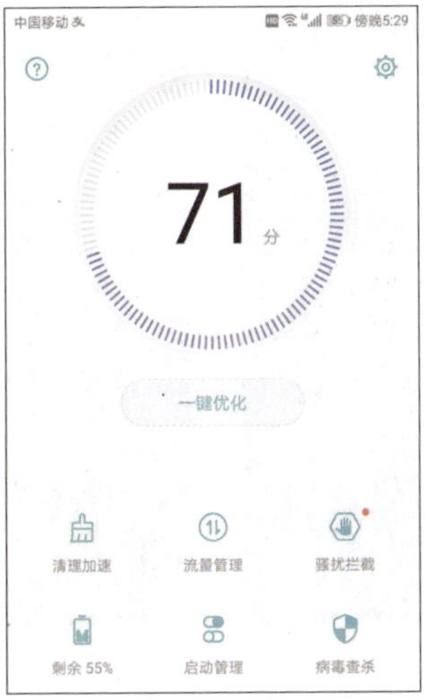

图2-41 手机安全扫描与病毒查杀

2.6.1 设置抖音密码

抖音账号很多是用手机验证码直接快速登录的，并没有设置抖音密码。下面讲述如何为自己的抖音账号设置固定密码，具体操作步骤如下。

步骤 01 打开抖音短视频App后，在“我”界面中点击右上角的“菜单”按钮，如图2-42所示。

步骤 02 进入个人资料界面，点击“设置”，如图2-43所示。

图2-42 点击“菜单”按钮

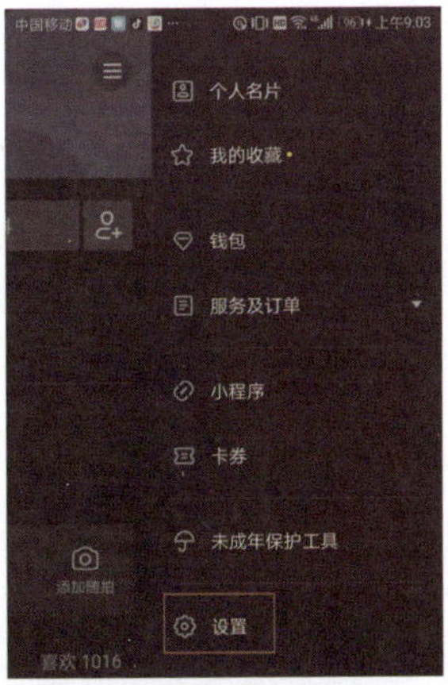

图2-43 点击“设置”

步骤 03 打开“设置”界面，点击“账号与安全”，如图2-44所示。

步骤 04 打开“账号与安全”界面，点击“抖音密码”，如图2-45所示。

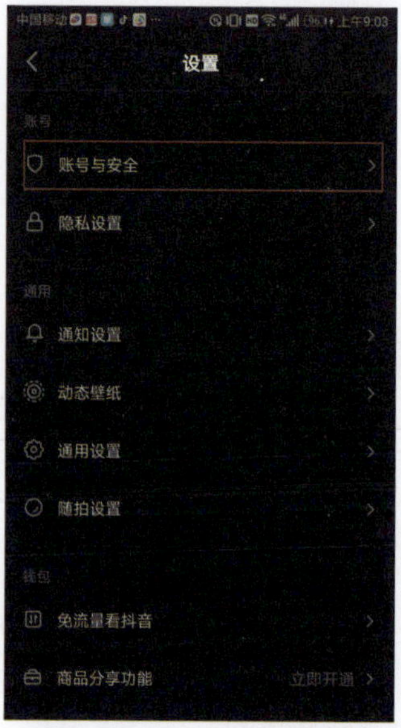

图2-44 点击“账号与安全”

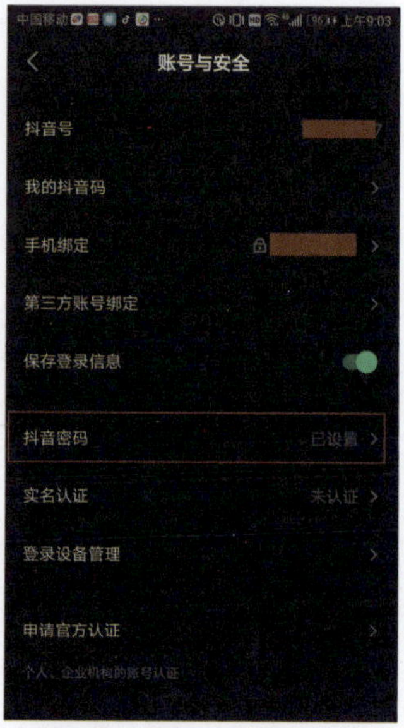

图2-45 点击“抖音密码”

步骤 05 进入“设置新的登录密码”界面，在文本框中输入新的登录密码，如图2-46所示。

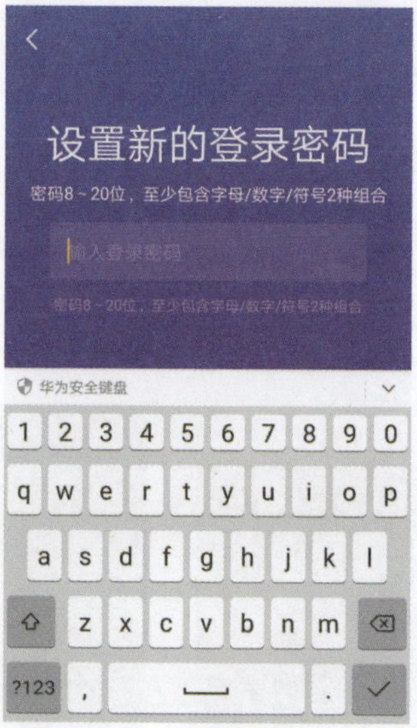

图2-46 设置登录密码

2.6.2 身份实名认证

想要提高抖音账号的安全性，或者是想要开通抖音直播功能，都需要进行抖音实名认证。在抖音进行身份实名认证的具体操作步骤如下。

步骤 01 在“账号与安全”界面中找到“实名认证”，如图2-47所示。

步骤 02 打开“实名认证”界面，输入真实姓名和身份证号，点击“开始认证”按钮，如图2-48所示。

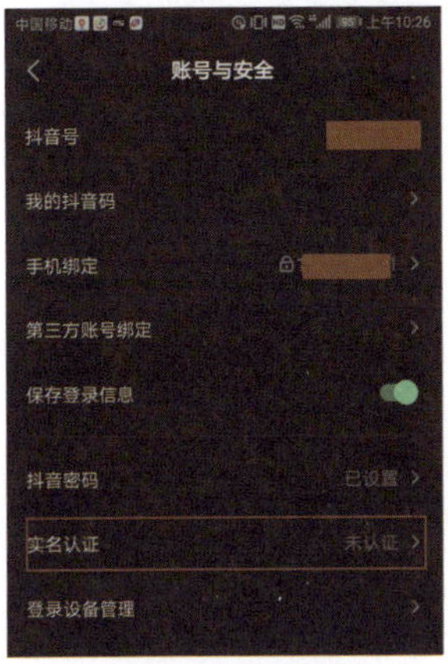

图2-47 实名认证

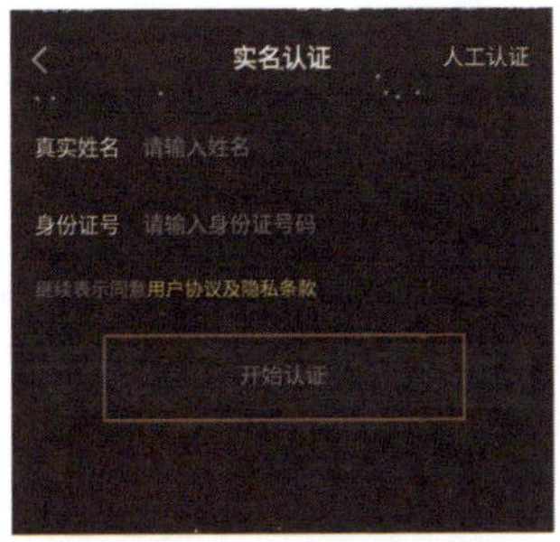

图2-48 “实名认证”界面

步骤 03 弹出提示框，点击“确认认证”按钮，如图2-49所示。

步骤 04 系统进入“芝麻认证”界面，勾选“我已阅读并同意认证服务协议”，然后点击“开始认证”按钮，如图2-50所示。

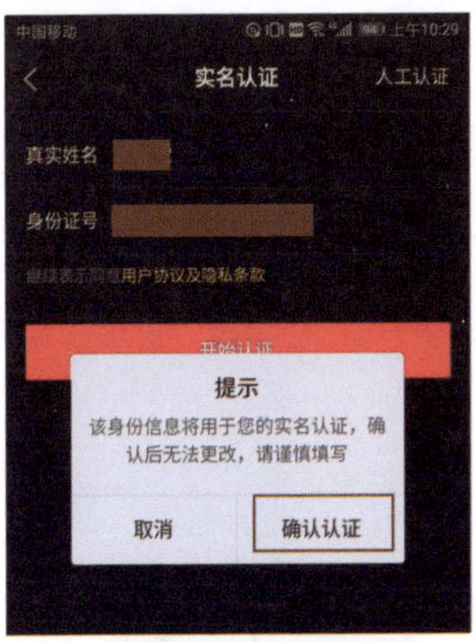

图2-49 确认认证

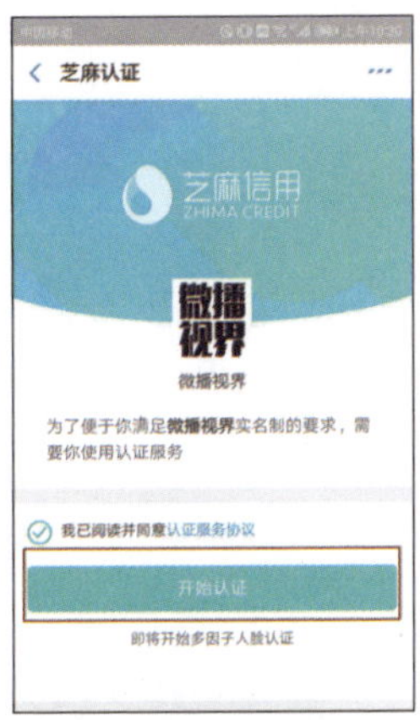

图2-50 点击“开始认证”

步骤 05 弹出提示框，点击“打开”按钮即可打开支付宝进行认证，如图2-51所示。芝麻认证过程很简单，只需要将面部对准捕捉框即可在5秒内完成，不需要其他操作，认证结束后耐心等待结果，在1~2分钟内即可完成并显示结果。除此之外还可以进行“人工认证”，进入人工“实名认证”界面后，依次填写“真实姓名”“身份证号”“手机号码”等，然后按照模板拍摄并上传本人手持身份证的照片，点击“提交审核”按钮，如图2-52所示。

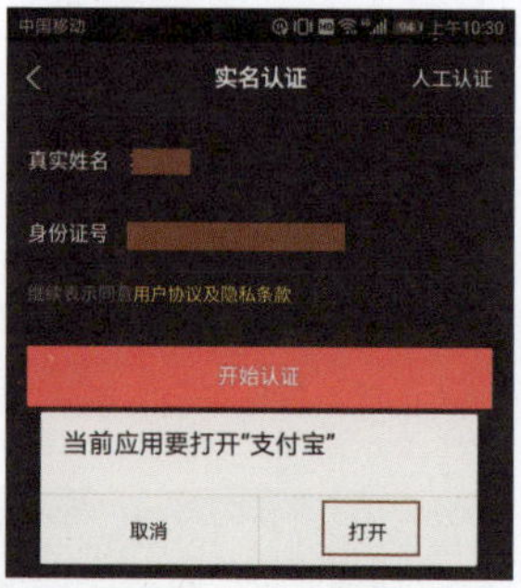

图2-51 芝麻认证

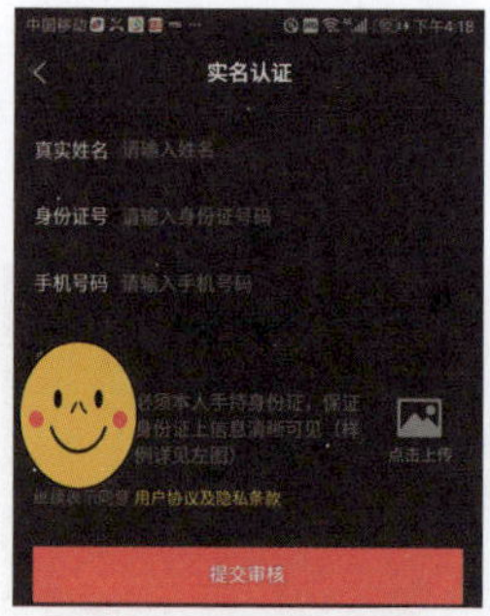

图2-52 实名认证

提示

抖音实名认证有什么用?

第一，增加账号可信度。

通过实名认证之后更有利于抖音官方对于个人身份的辨识，在进行相关流量分配或人群推荐的时候更智能，抖音用户也更有机会看到适合自己看或者自己想看的内容，找到同龄人。

第二，有机会获得推荐。

经过认证后个人或企业都是受到官方优待的，其发布的内容也更容易受到系统筛选的重视。

第三，更容易找回账号。

如果账号被别人盗取，因为有实名认证的存在，更容易找回自己当前的账号，让自己的账号更不容易被人盗取。

2.6.3 账号绑定

目前抖音官方支持绑定的常见平台有微信、QQ、新浪微博、今日头条等。抖音绑定今日头条可以把视频同步到今日头条上。绑定账号的过程比较简单，这里以今日头条的绑定为例进行说明，具体操作步骤如下。

步骤 01 在"账号与安全"界面中点击"第三方账号绑定"一栏，如图2-53所示。在跳转的界面中点击"今日头条"，如图2-54所示。

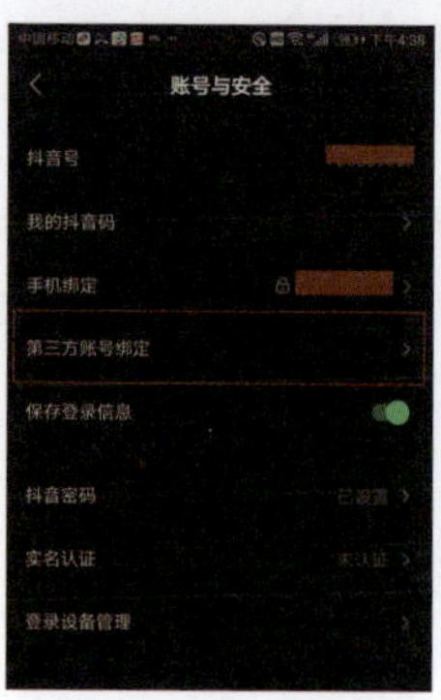

图2-53 点击"第三方账号绑定"

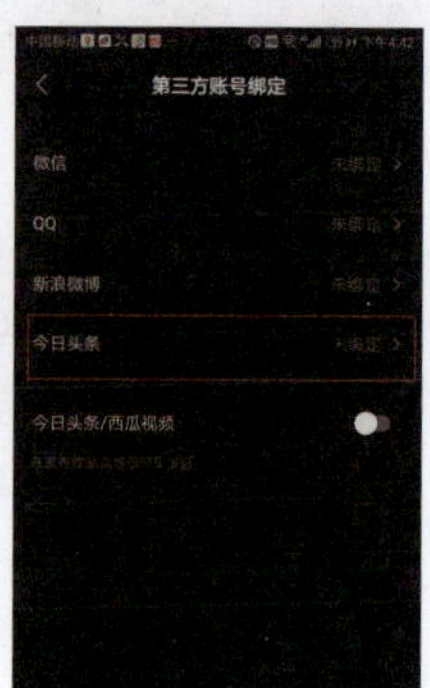

图2-54 点击"今日头条"

步骤 02 打开“抖音短视频”界面，注意绑定前需要提前确保安装了相应的App且为登录状态，点击“授权并登录”按钮，如图2-55所示。

步骤 03 提示绑定成功，点击“开启同步”按钮，如图2-56所示。

图2-55 点击“授权并登录”按钮

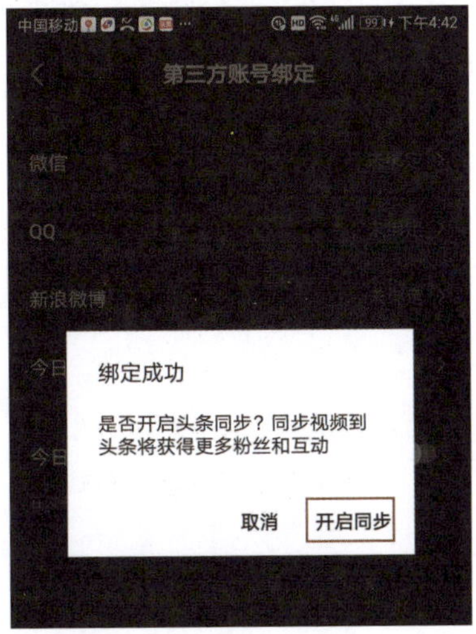

图2-56 点击“开启同步”

步骤 04 绑定成功后即可显示“今日头条”用户名，如图2-57所示。

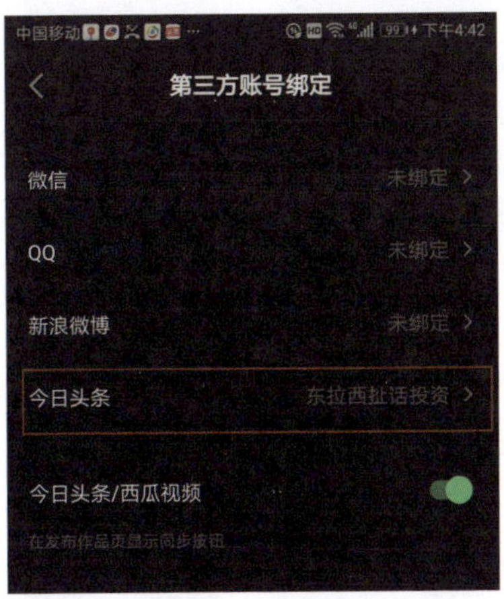

图2-57 绑定成功

2.6.4 更换已绑定的手机号码

许多抖友为了保护自己的抖音账号，会绑定自己的手机号，抖音账号绑定手机号可以方便登录和修改密码。但是如果这个手机号不用了想更换怎么办？下面介绍如何更换已绑定的手机号码，具体操作步骤如下。

步骤 01 在“账号与安全”界面，找到并点击“手机绑定”，如图2-58所示。弹出“更换已经绑定的手机？”对话框，若确定更换则点击“更换”按钮，如图2-59所示。

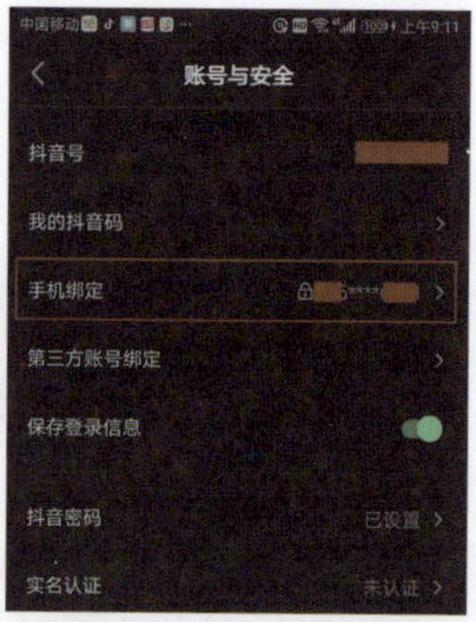

图2-58 点击“手机绑定”

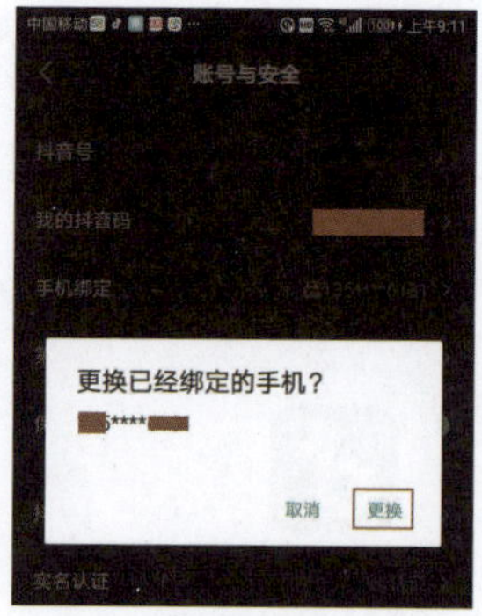

图2-59 更换已绑定手机

步骤02 打开“更改绑定手机”界面，输入当前手机号，如图2-60所示。当验证码发送至手机后，在60秒内输入并点击界面下方的“对钩”按钮，完成验证，如图2-61所示。

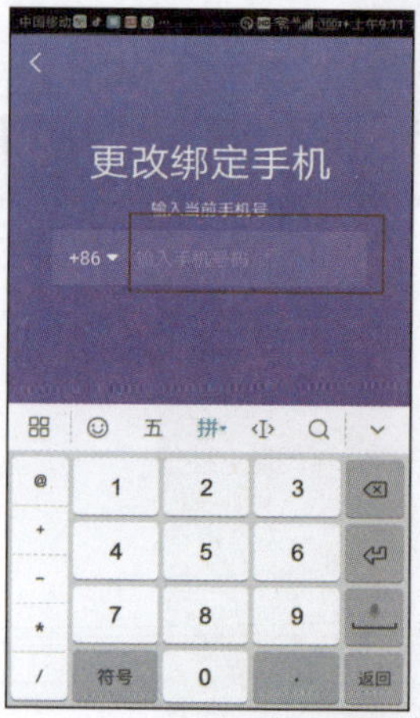

图2-60 输入当前手机号

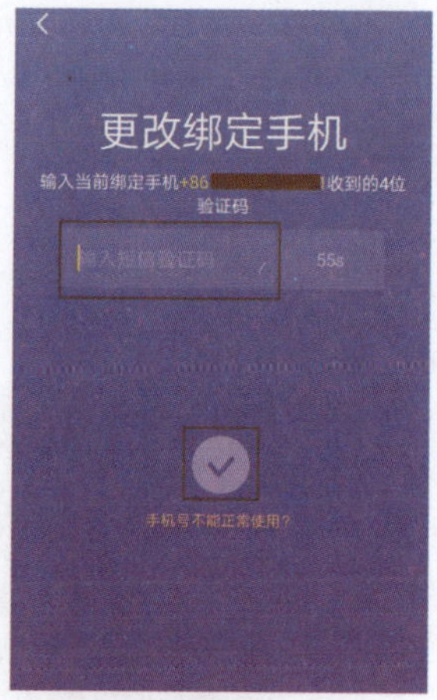

图2-61 输入验证码

步骤03 在“输入新的手机号”界面中输入想绑定的号码，点击界面下方的“箭头”按钮，如图2-62所示，重复上一步的验证过程即可。

步骤04 如果号码已经为其他抖音用户所用，则会弹出绑定失败的提示，如图2-63所示。

图2-62 输入新的手机号

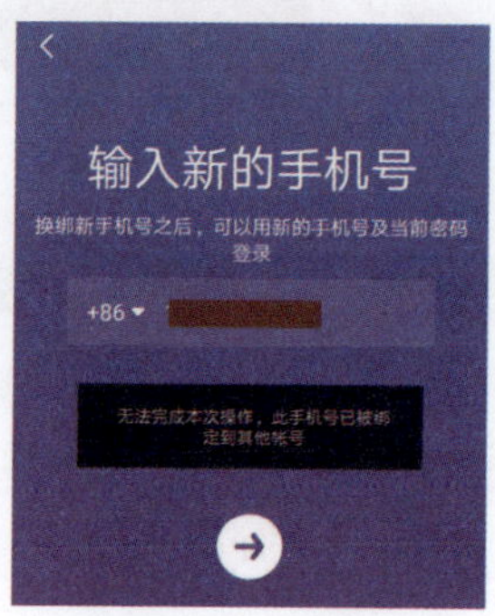

图2-63 绑定失败

2.7 抖音企业号认证

企业号是以企业组织来认证，一般来说企业品牌做抖音号会选择认证企业号。企业通过在抖音已认证的企业号推广，不仅能获得曝光、扩大影响力，而且能与年轻用户直接沟通，为品牌的年轻化提供更有力的营销依据。

2.7.1 抖音认证企业号优势

认证企业号作为开启抖音营销的重要一环，具有如下优势。

1. 官方认证标识

企业认证后拥有的官方蓝V标识、企业品牌头像、认证名称等，可以提高品牌的权威性。企业在注册时一定要将自己的信息注册完整，且保证正确。

2. 全昵称搜索置顶

企业抖音号认证后，在全昵称搜索时，能够被置顶推荐，这意味着在众多抖音号中能第一个被准确搜索到。

3. 打通多平台

抖音短视频与今日头条、火山小视频打通，平台间身份与权益同步，认证企业号享受三大平台的认证标识和专属权益。已经认证过抖音企业号的企业可以通过账号关联的方式将认证信息同步至其他平台。

提示

在当今短视频迅速发展影响下，抖音已经成为企业在短视频平台进行营销的最主要阵地。

企业在其他平台营销获得流量的难度和成本已经越来越高，而在抖音，企业可以以较低成本去实现营销和商业服务的目的。这对于中小企业来说是非常好的机会。

2.7.2 申请企业账号认证

企业号本身具有独特的权益，一个品牌想入驻抖音，第一步需要认证，抖音企业认证主要是抖音针对企业诉求提供的内容加营销的平台。

申请企业账号认证具体操作步骤如下。

步骤 01 在“账号与安全”界面，找到并点击“申请官方认证”，如图2-64所示。

步骤 02 打开“抖音官方认证”界面，点击下方的“企业认证”，如图2-65所示。

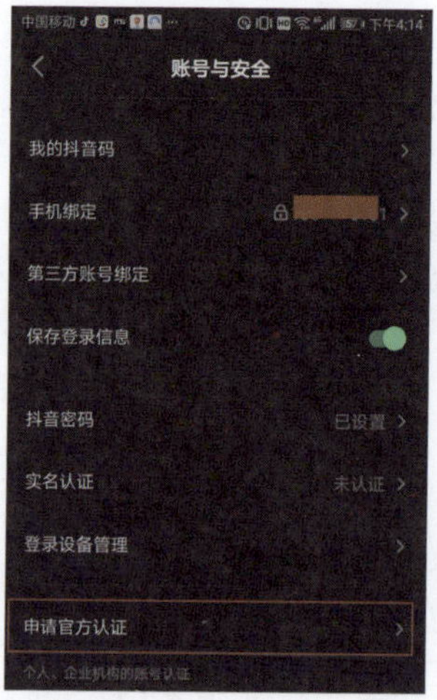

图2-64 点击“申请官方认证”

图2-65 点击“企业认证”

步骤 03 打开“企业认证”界面，点击“开始认证”按钮，如图2-66所示。

步骤 04 将准备的资料按要求上传，如图2-67所示，然后填写相关的信息，提交申请并支付费用就可以申请企业认证。

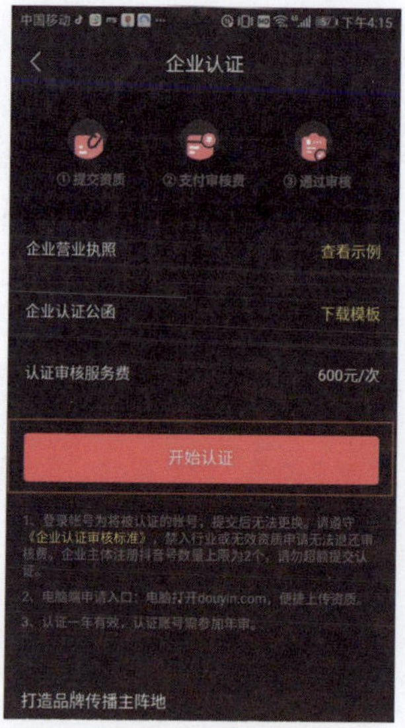

图2-66 企业认证

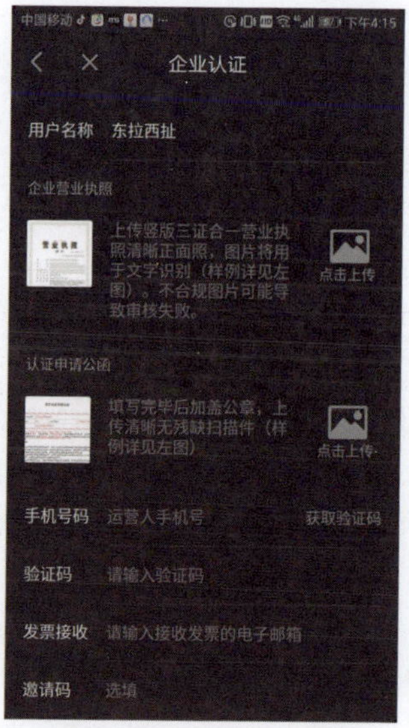

图2-67 资料按要求上传

提示

很多企业品牌在进行短视频营销时，只是一次性投放，视频传播过后只能留下曝光的数据。没有企业号，就无法把粉丝引流到自己的企业品牌营销阵地中。有了企业号这种载体之后，可以把通过曝光带来的用户数据真正沉淀下来成为自己品牌的粉丝。积累的粉丝越多，做营销的成本越低。

第 3 章

拍摄高质量的抖音短视频

怎样才能拍出高质量的视频呢？这是许多抖音爱好者比较关心的问题。本章就来介绍优质短视频的拍摄准备、拍摄、后期处理、抖音技巧和抖音特效的使用等。

3.1 优质短视频的拍摄准备

“工欲善其事，必先利其器。”在拍摄短视频之前，应先熟悉拍出好视频效果的原则，做好拍摄抖音短视频的准备工作。

3.1.1 拍出好视频的原则

抖音是当下流行的短视频App之一，越来越多的人把刷抖音排在了消磨无聊时光的首选项，而同时，越来越多的商家和品牌基于流量和品牌诉求，纷纷布局抖音，在抖音进行营销推广。下面为大家介绍抖音短视频的拍摄原则，帮助用户拍出更好的视频。

1. 确定短视频内容风格

一般来说，在短视频拍摄之前需要做好整体构思，确定抖音短视频的主题内容风格。例如，家有宠物的用户，可以拍摄可爱的宠物，如图3-1所示。善于唱歌跳舞的用户，可以利用抖音短视频来展示自己的才艺，如图3-2所示。幽默搞笑的用户，可以拍一些搞笑短视频。

图3-1 拍摄可爱的宠物

图3-2 展示自己的才艺

2. 保证视频的清晰度

你可能觉得拍摄一个1分钟左右的视频时间很短，但实际举着手机1分钟是非常累的，而且也无法保证手一直不动。所以，视频拍出来画面经常会晃，无法对焦就会影响画面的清晰度。怎么去保证视频画面的清晰度呢？拍视频最常用的一个工具就是三脚架，因为它能够保证长时间拍摄时画面的稳定性。

另外在拍摄前，记住要点击屏幕，将焦点对准视频主体，确定精准聚焦后再开始拍摄，保证视频画面清晰度和凸显主体。

3. 用动作卡好短视频节奏

提前拍摄的视频画面，后期再配音时把握不好节点怎么办？很多用户有这样的烦恼，答案是尽量拍摄时间长点的视频，使节点位置在中间，这样视频前面和后面的内容可以剪掉一些，以保证节点不消失。

4. 转场时参照物保持不变

转场时关键在于抓住视频内参照物的固定性及动作的连贯性。在视频转场时，除了你要变换的东西以外，其他参照物尽量保持不变。如果参照物是人，那么这个人的表情、动作和拍摄角度，在画面中都要尽量与转场前一致。

5. 利用道具和后期

一段普通的视频若想获得更多的关注，一定要提高视频质量和品位，这就需要更复杂的后期来加持了。除了前期的拍摄，视频的呈现效果还取决于是否善于利用道具、添加滤镜和进行后期处理等。道具和滤镜的正确配合，可以对视频起到很好的点缀和优化作用。

3.1.2 抖音短视频的拍摄技巧

为什么有的人拍的短视频有上千万播放量和百万点赞量？为什么自己拍的短视频没有人看？那是因为，别人看似随随便便拍的视频，实际上用了很多短视频拍摄技巧。那么，短视频拍摄有哪些技巧呢？

1. 设置手机分辨率

用手机进行拍摄时，分辨率的设置非常重要。很多人在拍摄视频时，手机里视频看着很清晰，但是上传到短视频平台后就会发现，清晰度大大降低了，这就是因为你没有设置手机分辨率。一般选择设置最高分辨率来获取较为清晰的视频画质。

2. 运用延时摄影

延时摄影是一种常用的视频拍摄手法，通过将时间压缩的拍摄技术，将拍摄的影片在较短的时间内展现出来。例如，拍摄5分钟的视频，压缩成5秒钟，整体呈现为快动作效果。使用这种功能适合拍摄移动物体或者自然风光，如天空飘动的云、路上的车流、日出日落，能给人宏大、气势磅礴的感觉，如图3-3所示。

图3-3 运用延时特效

3. 设置手机专业拍摄模式

从专业度来讲，手机拍摄功能不如专业拍摄器材优良，但现在很多手机都提供了“专业”拍摄模式，如图3-4所示。“专业”拍摄模式在感光度、光圈等方面都能够根据环境进行自动调整，当需要在比较复杂的情况下拍摄时，也能满足基本拍摄需求。而手机拍摄中的美化模式、动态模式、全景模式等也能为提升视频质量提供辅助的帮助。

4. 运用慢动作

慢动作比较适合拍摄一些微观或者凸显细节的场景，如花朵绽放、人的表情和动作、水滴滴落、火焰燃烧及食物制作过程等。

5. 注意镜头角度

镜头角度主要有平视角、斜视角、仰视角和俯视角。平视角是最基本的拍摄角度，客观的表达，镜头与拍摄对象眼睛齐平。斜视角就是故意倾斜拍摄，让大家注意到画面失调。仰视角就是从低角度仰视拍摄，可以使对象显得更加高大或者占据主导地位。俯视角就是从高处往低处拍摄，让被摄对象显得比较小。图3-5所示为俯视角拍摄的视频。

图3-4 点击“专业”

图3-5 俯视角从高往下拍摄

3.2 拍摄抖音短视频

抖音短视频的拍摄方法虽然简单，但想要拍出高点赞量的好作品，还需要创作者掌握一定的拍摄方法，如使用美化功能、分段拍摄、选择背景音乐、使用快/慢速拍摄、使用道具拍摄、使用倒计时拍摄等。

3.2.1 使用美化功能

许多拍摄抖音短视频的专业内容创作者对短视频拍摄时的滤镜和美颜功能的应用是十分看重的。

下面介绍如何在拍摄抖音短视频时使用美化功能，具体操作步骤如下。

步骤 01 打开“抖音短视频”App，点击下方的+按钮，进入拍摄模式，点击右上方的“美化”按钮，如图3-6所示。

步骤 02 点击“美颜”，调整“磨皮”等的参数，如图3-7所示。

步骤 03 点击“滤镜”，选择想要的滤镜效果，如“纯净”滤镜，如图3-8所示。

图3-6 点击“美化”按钮

图3-7 调整参数

图3-8 选择滤镜效果

步骤 04 在拍摄前，还可以通过左右滑动屏幕来切换滤镜，如图3-9所示。

步骤 05 继续切换滤镜，选择需要的滤镜效果，如图3-10所示。

图3-9 左右滑动屏幕切换滤镜

图3-10 选择需要的滤镜效果

3.2.2 分段拍摄

使用抖音拍摄短视频时，可以一镜到底持续地拍摄，也可以在拍摄中暂停，转换镜头继续拍摄。

通过分段可以制作出颇具创意的短视频作品，具体操作步骤如下。

步骤 01 打开抖音短视频App，点击底部的[+]按钮，进入拍摄模式，点击下方的“拍视频”●按钮，如图3-11所示。在进行分段拍摄时，长按“拍视频”按钮进行拍摄，松开“拍视频”按钮即停止拍摄。

步骤 02 在拍摄过程中，点击■按钮，即可完成第一段视频的拍摄，并在界面上方显示红色的进度条，如图3-12所示。

图3-11 长按“拍视频”按钮

图3-12 完成第一段视频的拍摄

步骤 03 采用同样的方法，继续拍摄第2段视频。拍摄完成后，点击右下方的✓按钮，如图3-13所示。

步骤 04 进入视频编辑界面，点击下方的“特效”按钮，如图3-14所示。若要发布，可以点击右下方的“下一步”按钮，进入发布界面进行操作。

图3-13 拍摄第2段视频

图3-14 点击“下一步”按钮

步骤05 点击“转场”，在视频条上拖动进度滑块到两段视频衔接的位置，然后点击需要的转场特效，如图3-15所示，点击“撤销” 撤销 按钮，可以撤销操作，设置完成后，点击“保存”按钮即可。

步骤06 在视频编辑界面中点击“滤镜”按钮，可以为视频应用所需的滤镜效果，如图3-16所示，在应用滤镜效果时，可以通过左右滑动屏幕来切换滤镜。

图3-15 点击“转场”

图3-16 应用滤镜效果

步骤07 在分段拍摄时，可以先保存为草稿，然后返回继续拍摄。在抖音短视频App中打开“本地草稿箱”界面，选择分段拍摄的视频，如图3-17所示。

步骤08 进入“发布”界面，点击“返回编辑”，如图3-18所示。

步骤09 进入视频编辑界面，可以点击“继续拍摄”继续进行下一段的拍摄，如图3-19所示。

图3-17 本地草稿箱

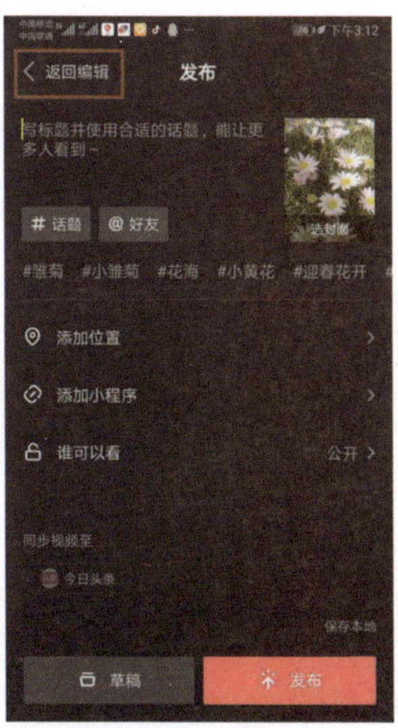

图3-18 点击“返回编辑”

图3-19 点击“继续拍摄”

3.2.3 选择背景音乐

抖音作为一款音乐短视频App，选择背景音乐自然是不可缺少的一步，背景音乐甚至能够影响到拍摄视频的思维与节奏。

下面介绍在使用抖音拍摄短视频时如何选择与修剪背景音乐，具体操作步骤如下。

步骤 01 打开抖音短视频App，点击下方的[+]按钮，进入拍摄模式，点击“选择音乐”，如图3-20所示。

步骤 02 进入“选择音乐”界面，点击“歌单分类”右侧的“查看全部”，如图3-21所示。

步骤 03 进入“歌单分类”界面，点击“热歌榜”类别，如图3-22所示。

图3-20 点击“选择音乐”

图3-21 点击“查看全部”

图3-22 点击“热歌榜”类别

步骤 04 通过上下滑动屏幕来查看音乐列表，选择要使用的音乐，然后点击右侧的“使用”按钮，如图3-23所示，点击☆按钮，可以收藏音乐。

步骤 05 开始拍摄视频，拍摄完毕后在底部点击“选配乐”按钮，如图3-24所示。

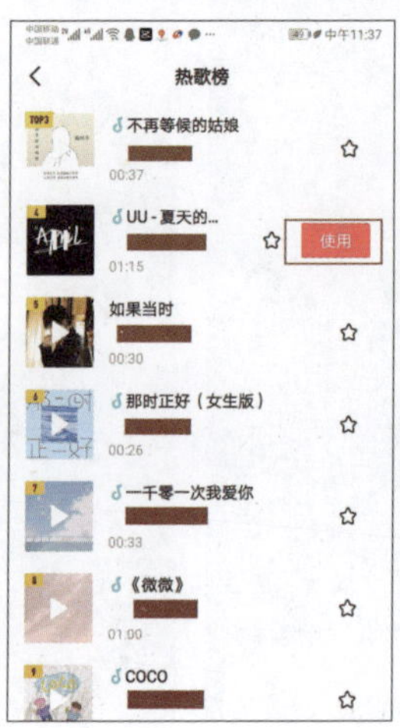

图3-23 点击“使用”按钮

图3-24 点击“选配乐”按钮

步骤 06 点击“剪音乐”按钮，如图3-25所示。

步骤 07 左右滑动声谱以剪取音乐，剪取完成后点击按钮，如图3-26所示。

图3-25 点击“剪音乐”按钮

图3-26 剪取音乐

步骤 08 在下方点击“音量”按钮，调整视频原声与配乐的音量大小，如图3-27所示。

步骤 09 在选择音乐时，也可以直接在搜索框中搜索音乐名，如图3-28所示。

图3-27 调整音量

图3-28 搜索音乐

3.2.4 使用快/慢速拍摄

在拍摄短视频时，使用快/慢镜头是经常用到的一种手法，以形成突然加速或突然减速的视频效果。

在抖音中也可以通过“快/慢速”功能控制视频速度，具体操作步骤如下。

步骤 01 打开抖音短视频App，点击底部的按钮，进入拍摄模式，点击“慢”按钮，切换到慢速拍摄模式，如图3-29所示。

步骤 02 在拍摄过程中可以随时暂停，并切换为快速拍摄模式，只需点击“快”按钮即可，如图3-30所示。

图3-29 切换到慢速拍摄模式

图3-30 切换为快速拍摄模式

需要注意的是，在拍摄过程中若随意切换快慢速度会导致视频出现卡顿现象。在进行快、慢速拍摄时，当镜头速度调整为“极快”拍摄时，视频录制的速度是最慢的，当镜头速度调整为“极慢”时，视频录制的速度却是最快的。这里所说的速度并不是我们看到的进度快慢，而是镜头捕捉速度的快慢。

3.2.5 使用道具拍摄

在拍摄抖音短视频时还可以使用道具，这样可以美化视频，生成生动有趣、颇具创意的视频效果。

1. 手动选择道具

每种拍摄道具都有其特殊的用法，下面介绍在拍摄短视频时，如何找到并使用道具，具体操作步骤如下。

步骤 01 打开抖音短视频App，点击底部的[+]按钮，进入拍摄模式。点击左下方的“道具”按钮，如图3-31所示。

步骤 02 打开道具列表，点击“滤镜”分类，然后选择自己喜欢的道具，查看拍摄效果，如图3-32所示。

图3-31 点击“道具”按钮

图3-32 选择道具

步骤 03 点击“扮演”分类，然后选择一个自己喜欢的“变脸”道具，如图3-33所示。

步骤 04 点击右上方的“翻转”按钮，此时，即可切换为前置摄像头进行自拍，应用的道具效果如图3-34所示。

步骤 05 对于常用的道具，可以将其收藏起来。在道具列表左侧点击“收藏”按钮，即可看到收藏的所有道具，如图3-35所示。在拍摄短视频时，若不使用道具，可以点击“关闭”按钮。

图3-33 选择道具

图3-34 应用的道具效果

图3-35 查看收藏的道具

2. 使用同款道具

在观看抖音短视频时，若发现一些自己喜欢的道具所拍摄的短视频作品，自己也想使用这些道具，可以通过搜索道具或在浏览抖音短视频时使用同款道具进行拍摄，具体操作步骤如下。

步骤 01 打开抖音短视频App，点击“首页”按钮，然后点击“搜索”按钮，如图3-36所示。

步骤 02 进入抖音热搜界面，点击搜索框，输入关键词，在弹出的自动搜索列表中选择想要的选项，如图3-37所示。

图3-36 点击“搜索”按钮

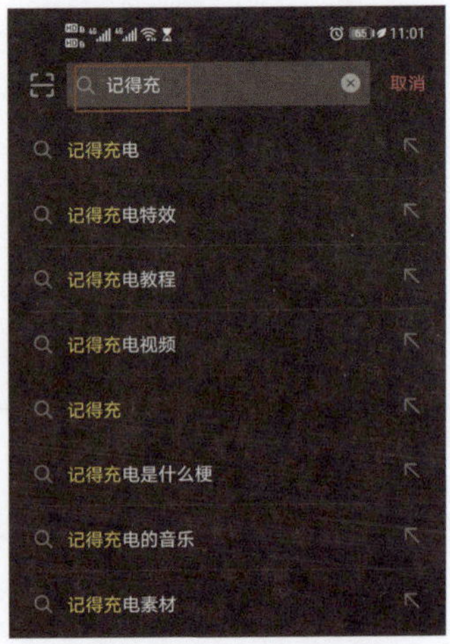

图3-37 输入关键词搜索

步骤 03 在搜索结果界面中点击要播放的视频，如图3-38所示，开始播放所选视频，在视频下方显示其应用了记得充电道具。

步骤 04 点击“分享”按钮，如图3-39所示。

图3-38 点击要播放的视频

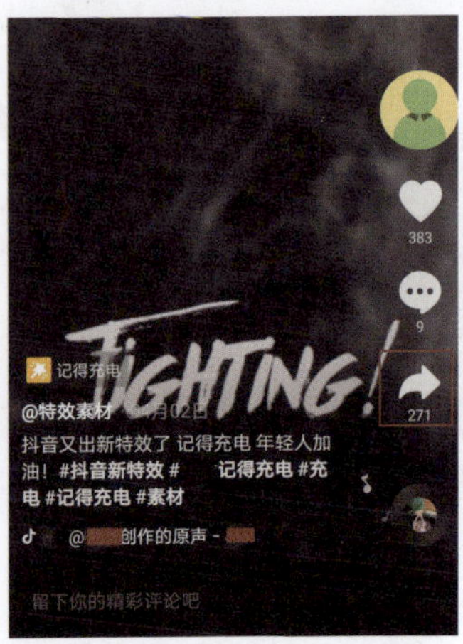

图3-39 点击“分享”按钮

步骤 05 在弹出的面板中点击"同款道具"按钮，如图3-40所示。

步骤 06 进入拍摄界面，并自动应用"记得充电"道具，如图3-41所示。

图3-40 点击"同款道具"按钮

图3-41 应用同款道具

3.2.6 使用倒计时拍摄

使用"倒计时"功能可以实现自动暂停拍摄，以设计多个拍摄片段，并且可以通过设置拍摄时间来卡音乐节拍，具体操作步骤如下。

步骤 01 打开抖音短视频App，点击按钮，进入拍摄模式。点击左下角的"道具"按钮，如图3-42所示。

步骤 02 打开道具列表，点击"装饰"分类，然后选择"仲夏之夜"道具，如图3-43所示。

图3-42 进入拍摄模式

图3-43 选择道具

步骤 03 在界面右侧点击“倒计时”按钮，如图3-44所示。

步骤 04 拖动时间线设置拍摄时间，然后点击“开始拍摄”按钮，开始拍摄第1段视频，如图3-45所示。

图3-44 点击“倒计时”按钮

图3-45 拍摄第1段视频

步骤 05 拍摄完成后，再次点击“倒计时”按钮，如图3-46所示。

步骤 06 拖动时间线设置第2段视频的拍摄时间，然后点击“开始拍摄”按钮开始拍摄，如图3-47所示。

图3-46 再次点击“倒计时”按钮

图3-47 点击“开始拍摄”按钮

步骤 07 继续使用倒计时拍摄其他视频片段，在开始一段新的视频拍摄之前，可以根据需要进行拍摄设置，如更改拍摄道具、翻转镜头、设置镜头快/慢速等。在拍摄第3段视频时，应用一款古风道具，如图3-48所示。

步骤 08 在拍摄第4段视频时，应用“齐天大圣”道具。拍摄完成后，点击右下方的✅按钮，如图3-49所示。

图3-48 应用古风道具

图3-49 应用齐天大圣道具

步骤 09 进入视频编辑界面，预览视频效果，如图3-50所示。若不需要更改，点击右下方的“下一步”按钮。

步骤 10 进入“发布”界面，点击“发布”按钮即可发布视频，如图3-51所示。若暂时不想进行发布，则点击“草稿”将视频保存在草稿箱中。

步骤 11 在使用倒计时拍摄视频时，若需要适应背景音乐的节奏，需要先添加音乐。在设置倒计时的时候根据音乐的节奏设置拍摄时间，如图3-52所示。

图3-50 预览效果

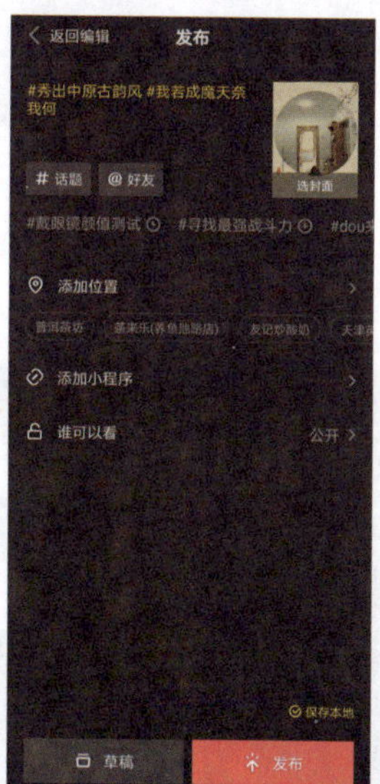

图3-51 点击“发布”按钮

图3-52 设置拍摄时间

3.3 抖音短视频后期处理

抖音短视频拍摄完成后，可以根据需要进行后期处理。例如，为短视频添加滤镜特效、分屏特效、时间特效，以及上传与修剪视频、为视频选择封面等。

3.3.1 应用滤镜与分屏特效

为抖音短视频应用滤镜特效和分屏特效，可以使其更加酷炫，更有创意，具体操作步骤如下。

步骤 01 打开抖音短视频App，在界面下方点击“我”，如图3-53所示。进入个人账户界面，点击“作品”，然后点击“本地草稿箱”。

步骤 02 进入“本地草稿箱”界面，点击要编辑的视频，如图3-54所示。

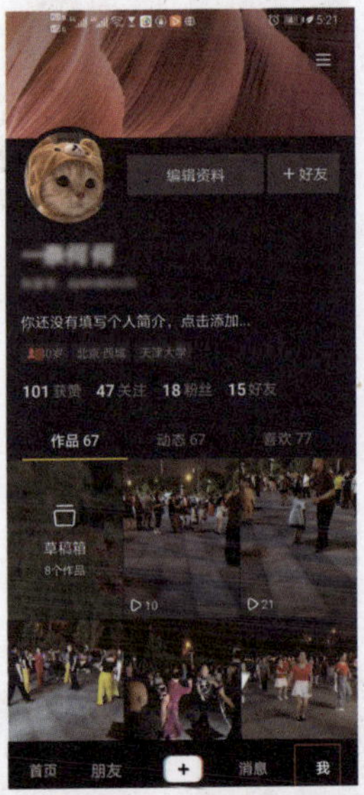

图3-53 点击“我”

图3-54 点击视频

步骤 03 进入“发布”界面，点击“返回编辑”，如图3-55所示。

步骤 04 在视频编辑界面下方点击“特效”按钮，如图3-56所示。

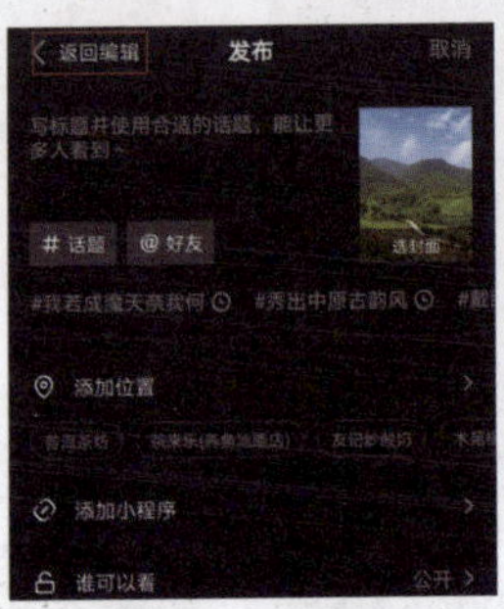

图3-55 点击“返回编辑”

图3-56 点击“特效”按钮

步骤 05 进入特效编辑界面，在下方点击“滤镜”，拖动红色滑块定位视频位置，然后按住需要的特效按钮，如“烟雾”特效，开始播放视频并应用特效，松开停止应用特效，如图3-57所示。

步骤 06 点击下方的“分屏”，为视频片段应用“四屏”特效，如图3-58所示。

图3-57 应用“烟雾”特效

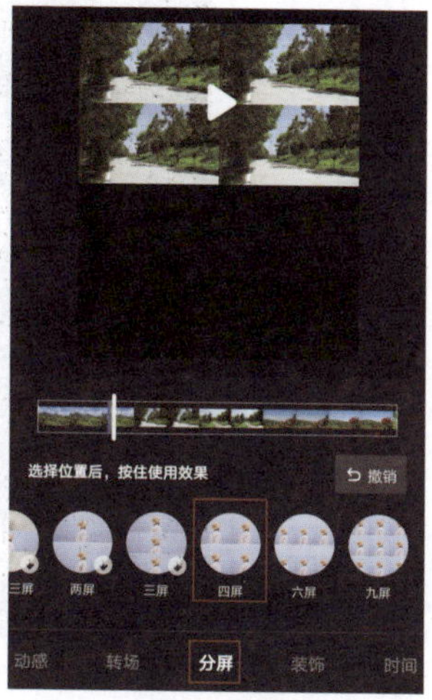

图3-58 分屏

3.3.2 应用时间特效

抖音的时间特效包括时光倒流、反复和慢动作等，应用时间特效的具体操作步骤如下。

步骤 01 在视频编辑界面中点击“特效”按钮，然后点击下方的“时间特效”，再点击“时光倒流”按钮，即可生成视频回放效果，如图3-59所示。

步骤 02 点击“反复”按钮，拖动滑块调整“反复”特效的位置，再次点击“反复”按钮，可以查看反复效果，如图3-60所示。

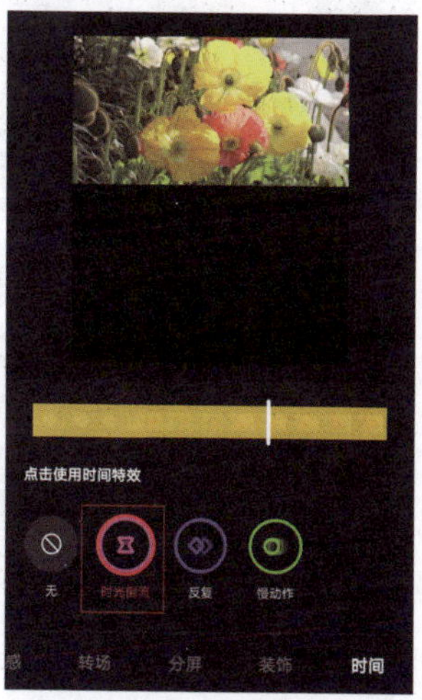

图3-59 点击“时光倒流”按钮

图3-60 点击“反复”按钮

步骤 03 点击“慢动作”按钮，拖动滑块调整慢动作开始时间，再次点击“慢动作”按钮，即可查看慢动作效果，如图3-61所示。

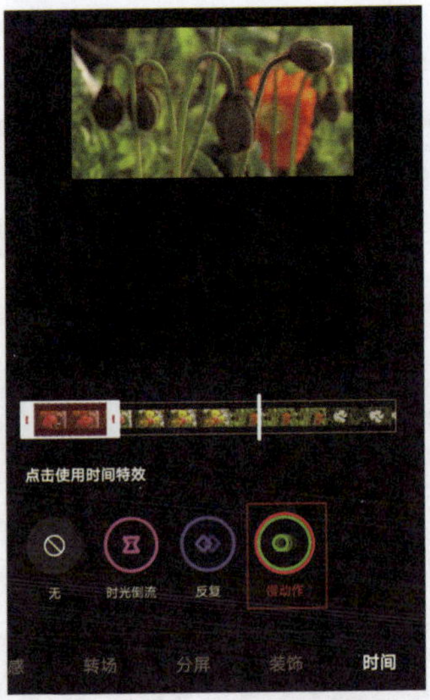

图3-61 点击“慢动作”按钮

3.3.3 应用贴纸

在编辑抖音短视频时，可以为其添加有趣的贴纸，并设置贴纸的显示时长，具体操作步骤如下。

步骤 01 点击视频编辑界面下方的“贴纸”按钮，如图3-62所示，在弹出的“贴图”面板中选择想用的贴纸，如图3-63所示。

图3-62 点击“贴纸”

图3-63 选择贴纸

步骤 02 此时，即可为视频添加贴纸。点击贴纸，然后点击贴纸上的“设置时长”按钮，如图3-64所示。

步骤 03 进入“时长设置”界面，拖动左右两侧的滑块，分别调整贴纸的开始时间和持续时间，然后点击✓按钮，如图3-65所示。

图3-64 点击“设置时长”按钮

图3-65 调整贴纸时长

3.3.4 制作音乐卡点效果

下面通过上传短视频制作音乐卡点效果，具体操作步骤如下。

步骤 01 打开抖音短视频App，进入拍摄模式，点击“相册”按钮，如图3-66所示。

步骤 02 进入上传界面，选择多段视频，点击“下一步”按钮，如图3-67所示。

步骤 03 进入调整视频片段界面，点击左下角的“一键调整”，可调整视频片段，如图3-68所示。

图3-66 点击“上传”按钮

图3-67 选择多段视频

图3-68 调整视频片段

步骤 04 点击其中的一个片段，可单段编辑，点击按钮，可调整片段的方向，如图3-69所示。

步骤 05 点击按钮，弹出提示框“删除该片段？”，如图3-70所示。

图3-69 调整片段的方向

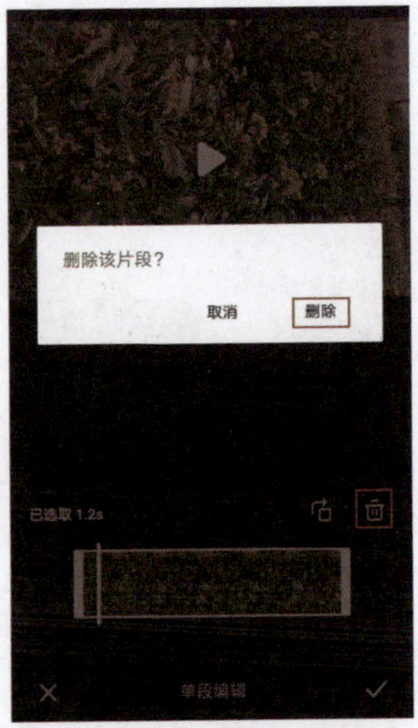

图3-70 提示框“删除该片段？”

步骤 06 点击“删除”即可删除该片段，点击“完成”按钮即可完成调整，如图3-71所示。

步骤 07 采用同样的方法，剪取剩余的视频，然后点击右上方的“下一步”按钮，如图3-72所示。

图3-71 点击“完成”按钮

图3-72 点击“下一步”按钮

步骤 08 点击“特效”按钮，如图3-73所示。

步骤 09 进入特效编辑界面，点击下方的“自然”，通过拖动滑块定位到两段视频衔接的位置，然后按住需要的特效按钮，在此选用“彩虹光斑”特效，如图3-74所示。

步骤 10 采用同样的方法，为各段视频的衔接位置或整段视频应用需要的滤镜特效，然后点击右上方的“保存”按钮，即可保存特效，如图3-75所示。

图3-73 点击“下一步”

图3-74 选用“彩虹光斑”

图3-75 保存特效

3.3.5 设置视频封面图

抖音短视频App在默认情况下将第1帧画面用做视频封面图，用户可以根据需要更改视频封面图，具体操作步骤如下。

步骤 01 打开抖音短视频App的“本地草稿箱”界面，点击要编辑的视频，如图3-76所示。

步骤 02 进入视频编辑界面，点击封面下方的“选封面”字样，如图3-77所示。

图3-76 点击要编辑的视频

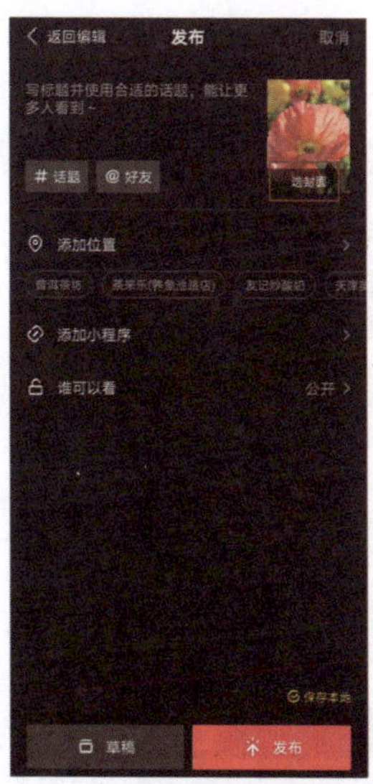

图3-77 点击“选封面”按钮

步骤03 点选“滑动以选择封面”下面的图片，选择要作为封面图的画面，然后点击右上方的“保存”按钮，如图3-78所示。

步骤04 进入“发布”界面，可以查看设置的视频封面图，如图3-79所示。

图3-78 选择封面图

图3-79 查看视频封面图

3.4 抖音使用技巧

下面介绍抖音中的一些使用技巧。

3.4.1 抖音开通商品橱窗

在浏览抖音视频时，会发现有些抖音短视频中有一个购物车的图标，这是抖音商品橱窗。如何申请开通抖音的商品橱窗，具体操作步骤如下。

步骤01 打开抖音短视频App，点击底部的“我”，点击右上角的≡按钮，如图3-80所示。

步骤02 在打开的界面中点击“创作者服务中心”，如图3-81所示。

图3-80 底部的“我”

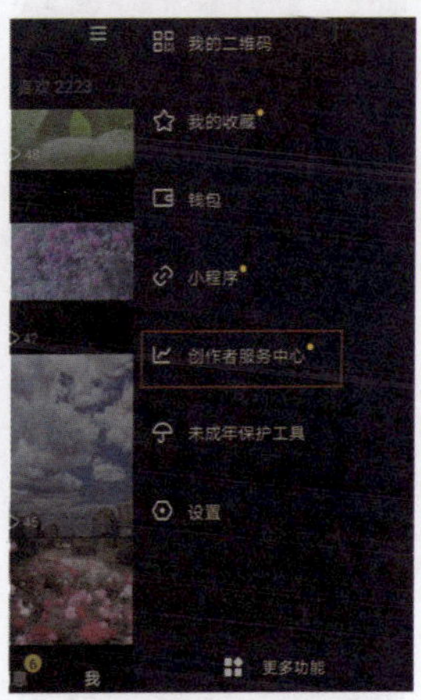

图3-81 点击“创作者服务中心”

步骤 03 点击“变现能力”下面的“商品橱窗”，如图3-82所示。

步骤 04 打开“商品橱窗”界面，点击“开通小店”，如图3-83所示。

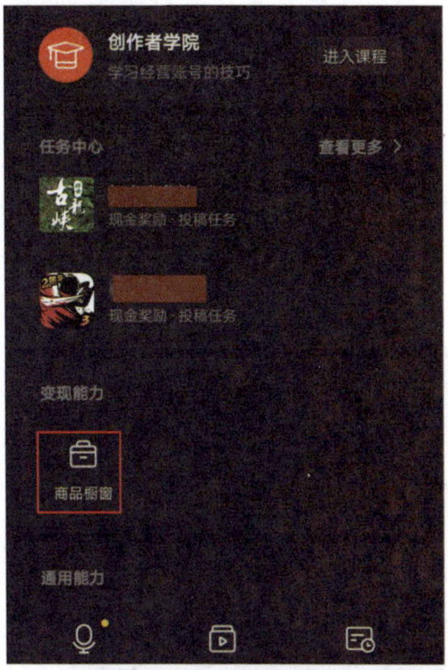

图3-82 点击“商品橱窗”

图3-83 点击“开通小店”

步骤 05 打开“授权登录”界面，点击“授权并用‘手机号’一键绑定”按钮，如图3-84所示。

步骤 06 打开“开通小店”界面，点击底部的“立即开通”按钮，即可开通商品橱窗，如图3-85所示。

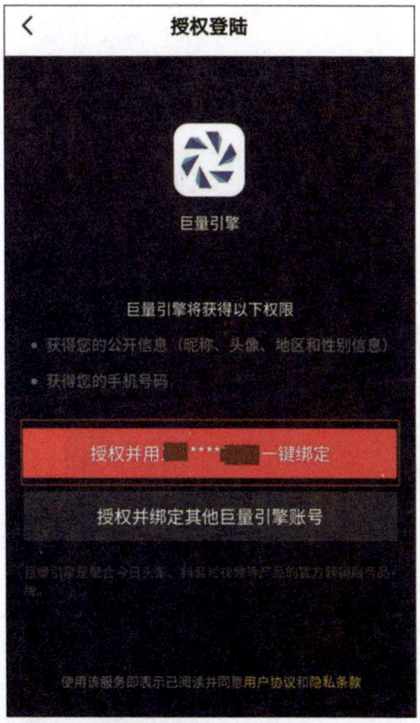

图3-84 授权登录

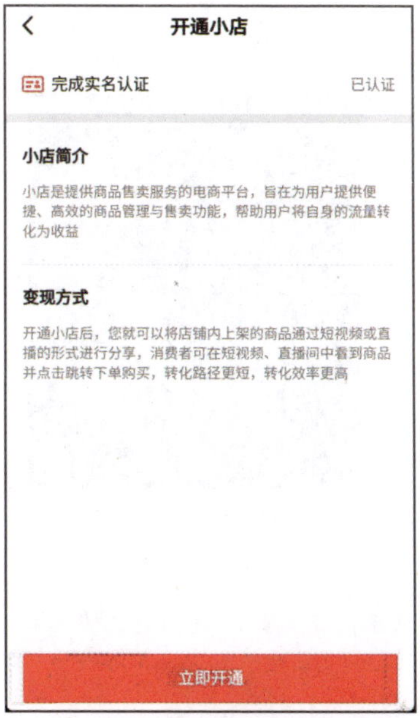

图3-85 点击“立即开通”按钮

3.4.2 设置不让通讯录好友看到

在抖音发布的视频可以被通讯录好友看见，当我们不想让通讯录好友看到时，可以进行以下设置。

步骤01 打开抖音短视频App，点击底部的“我”，点击右上角的☰按钮，如图3-86所示。

步骤02 打开“我的二维码”界面，点击“设置”，如图3-87所示。

图3-86 点击底部的“我”

图3-87 点击“设置”

步骤03 打开“设置”界面，点击“隐私设置”，如图3-88所示。

步骤04 打开“隐私设置”界面，选择“允许将我推荐给可能认识的人”，如图3-89所示。

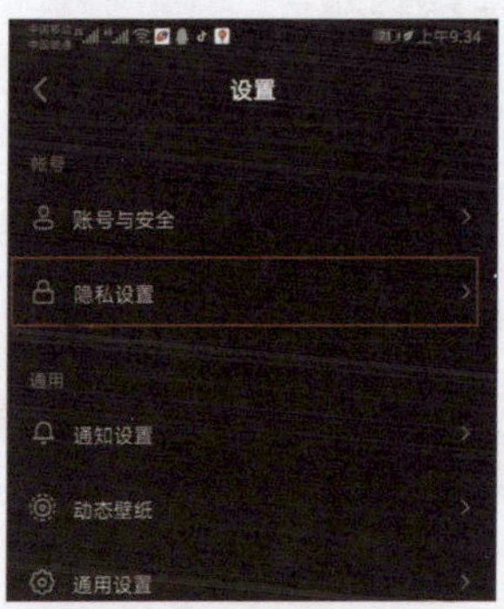

图3-88 点击“隐私设置”

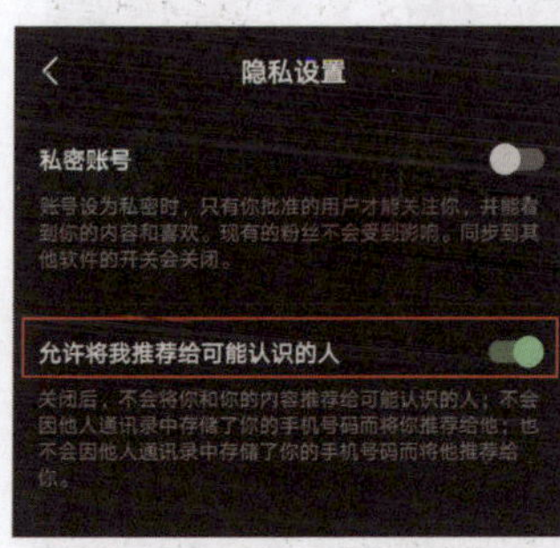

图3-89 选择“允许将我推荐给可能认识的人”

步骤05 如果只想让特定的人看到自己发布的视频或动态，可以打开“私密账号”，如图3-90所示。

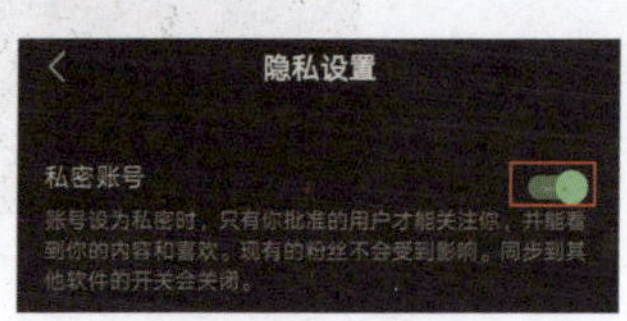

图3-90 私密账号

3.4.3 关闭抖音的消息通知

点击抖音主页底部的“消息”后，便可看到消息提示中的系统消息或抖音小助手，这两个的消息通知是不能禁止接收的，属于系统默认设置。我们可以设置的是其他熟悉的或者不熟悉的人发来的消息，每次有新的消息后，便可在菜单“消息”旁看到提示信息。下面讲述如何关闭抖音的消息通知，具体操作步骤如下。

步骤 01 打开抖音短视频App，点击底部的“我”，点击右上角的☰按钮，如图3-91所示。

图3-91 点击“我”

步骤 02 打开“我的二维码”界面，点击“设置”，如图3-92所示。

步骤 03 打开“设置”界面，点击“隐私设置”，如图3-93所示。

图3-92 点击“设置”

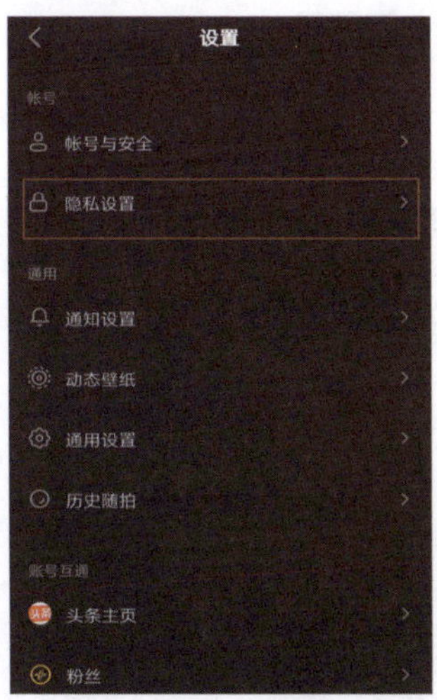

图3-93 点击“隐私设置”

步骤 04 打开“隐私设置”界面，点击“谁可以私信我”右侧的 所有人 >，如图3-94所示。

步骤 05 打开“谁可以发消息给我”界面，有“所有人”“仅好友”和“关闭”3个选项，如图3-95所示。

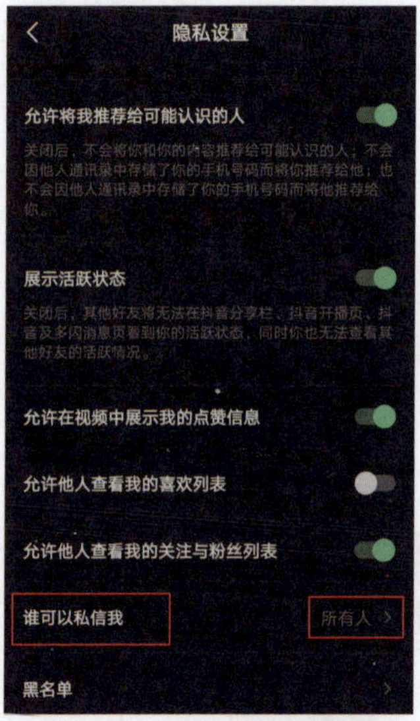

图3-94 “隐私设置”界面

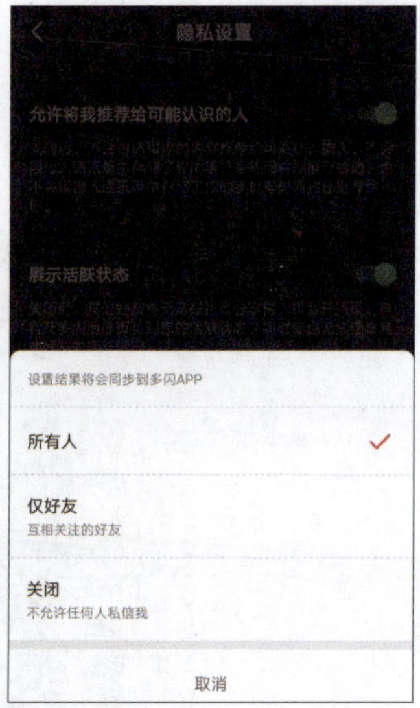

图3-95 “隐私设置”界面

- “所有人”：接收任何人发的消息，每次收到的消息都会有消息提醒。
- “仅好友”：只接收互相关注的所发的消息，且发消息时都会收到一个消息提醒。对于一般用户而言，这样设置就可以大大减少接收的陌生消息了。
- “关闭”：表示只接收“系统消息”和“抖音小助手”发的消息，接收消息的信息提示会变得很少。

3.5 抖音特效

抖音是一个短视频平台，很多人喜欢在抖音拍一些带有特效的短视频，视觉效果更丰富。那么抖音短视频的特效怎么制作呢？

3.5.1 添加下雨效果

使用抖音短视频App添加下雨效果的具体操作步骤如下。

步骤 01 打开抖音短视频App，点击底部的“我”，打开草稿箱，进入“本地草稿箱”界面，如图3-96所示。

步骤 02 点击想要编辑的短视频，进入“发布”界面，点击左上角的“<返回编辑”，如图3-97所示。

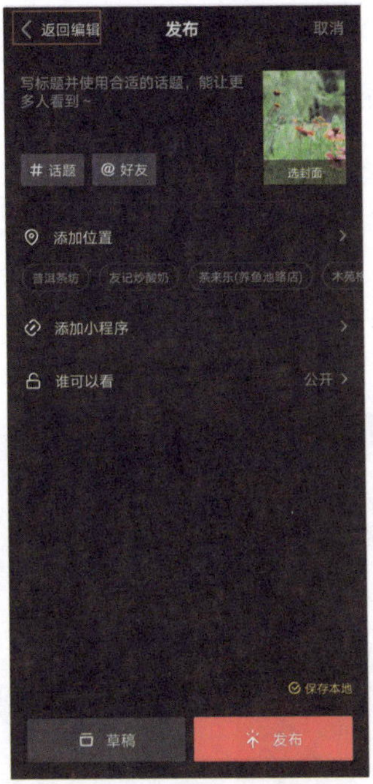

图3-96 草稿箱　　图3-97 “发布”界面

步骤03 点击底部的“特效”，如图3-98所示。

步骤04 点击选择特效下面的“自然”，然后在列表中选择“下雨”特效，如图3-99所示。

图3-98 点击“特效”　　图3-99 点击“下雨”

步骤05 按住“下雨”特效不动，即可添加下雨特效。

3.5.2 添加控雨特效

使用抖音短视频添加控雨特效的具体操作步骤如下。

步骤 01 打开抖音短视频App，点击底部的[+]按钮，进入拍摄界面，点击左下角的“道具”，如图3-100所示。

步骤 02 在其中点击“新奇”并点击选择“控雨”特效，如图3-101所示。

步骤 03 点击底部的按钮，这个特效是用手势来控制的，手掌打开就是控雨，如图3-102所示。

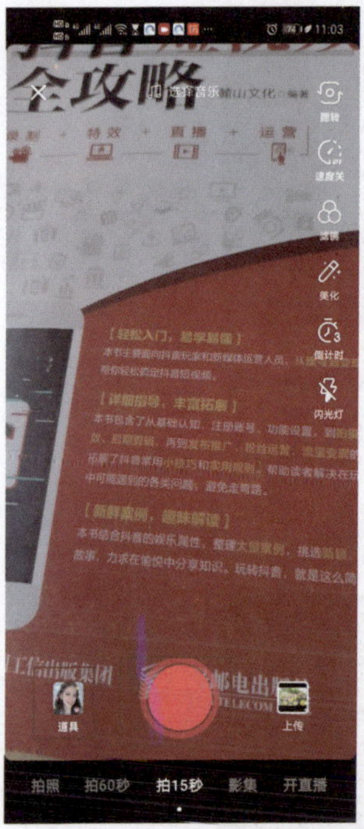

图3-100 点击“道具”

图3-101 点击“控雨”

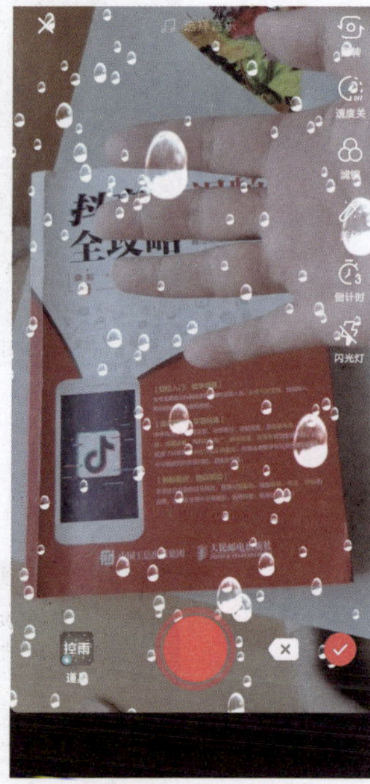

图3-102 手掌打开控雨

第 4 章

抖音火山版使用技巧

很多人都好奇抖音火山版究竟是一款什么样App，它与抖音及火山小视频有什么关系。在2020年1月8日，火山小视频与抖音正式进行品牌整合，火山小视频也更名为抖音火山版。本章就来介绍抖音火山版的基础操作、K歌功能、加配音的方法和开通直播的方法等。

4.1 抖音火山版概述

抖音火山版是一款流行的短视频社交平台，为用户提供大量有趣、好玩的短视频，同时可以让用户轻松找到这些短视频。

4.1.1 什么是抖音火山版

抖音火山版是一款用户下载量非常大的短视频App，每天更新海量的视频并根据兴趣标签专属分类，滑动手机屏幕就能刷新视频，且每次刷到的视频都是不一样的，如图4-1所示。

图4-1 抖音火山版

抖音火山版App具有超强美颜、滤镜效果，超多美颜滤镜、激萌自拍表情，以及海量背景音乐，功能强大易上手，用户可以在App中创作短视频。

抖音火山版App支持高清播放，可以实时传递高清画面，录制上传更稳定；支持提前缓存免流量，大屏观看同样清晰，视频播放体验较好；配乐、视频全部支持下载、分享、上传至朋友圈。一键操作简单方便，是玩转朋友圈的利器。

抖音火山版用户有各种达人——冲浪者、旅行家、建筑师，每个人都可以利用平台展示才艺、发挥创意。

4.1.2 进行火山达人认证

火山小视频的达人认证可以帮助用户被更多的人认可，且获得不同等级的特权。抖音火山版达人认证具体操作步骤如下。

步骤01 打开抖音火山版App，点击左上角的☰图标，在打开的界面中点击“设置”，如图4-2所示。

步骤02 打开“设置”界面，点击“认证信息”，如图4-3所示。

图4-2 点击“设置”

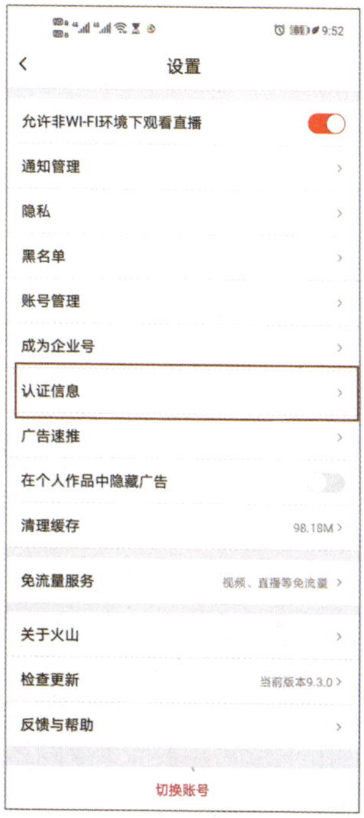

图4-3 点击“认证信息”

步骤03 打开“认证信息”界面，点击“火山认证”，如图4-4所示。

步骤04 打开“火山认证”界面，选择认证的身份为“达人认证”，点击“立即认证”，如图4-5所示。

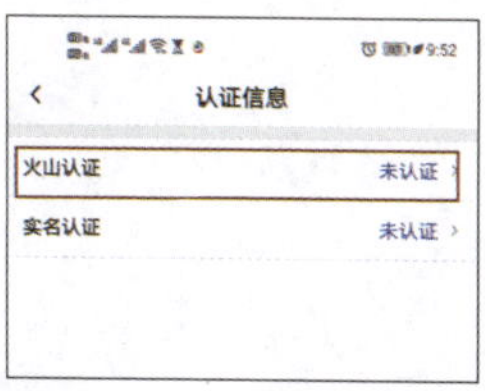

图4-4 点击“火山认证”

图4-5 选择认证的身份

步骤 05 打开“达人认证”界面，满足认证申请条件后，点击“立即申请认证”即可，如图4-6所示。

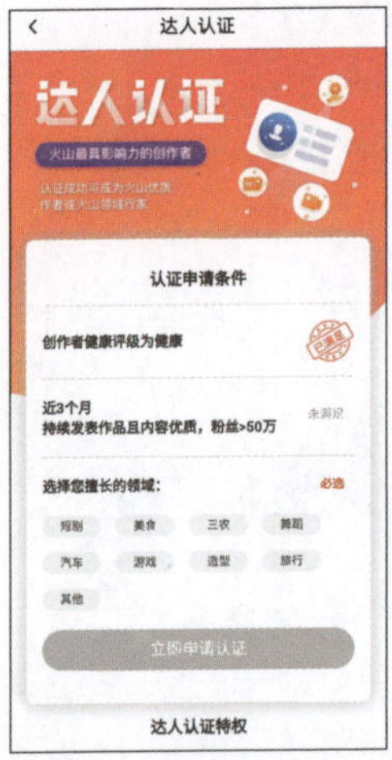

图4-6 点击“立即申请认证”

4.2 使用K歌功能

抖音火山版视频中的K歌功能很受大家的喜爱。下面介绍K歌功能的使用，具体操作步骤如下。

步骤 01 打开抖音火山版App，点击底部的按钮，在拍摄界面中点击“K歌”，打开图4-7所示的界面，在歌曲中搜索想要唱的歌，点击对应歌曲后面的“K歌”按钮，打开歌曲界面。

步骤 02 点击底部的按钮，即可开始K歌，如图4-8所示。

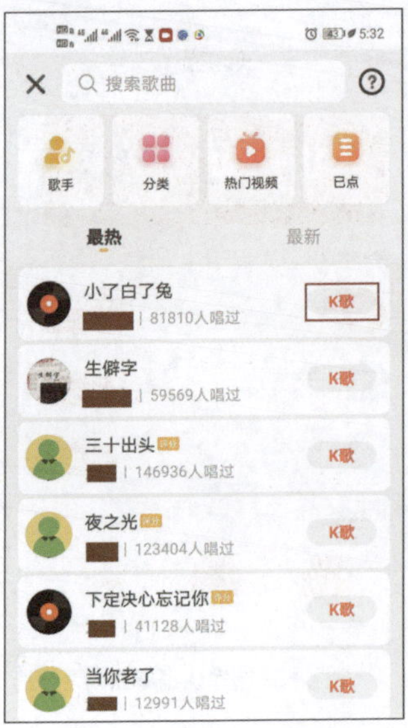

图4-7 点击“K歌”按钮

图4-8 点击按钮

4.3 火山小视频加配音

在录制视频的时候需要添加音乐，这样视频才会更吸引人。下面介绍抖音火山版添加音乐的具体操作方法。

步骤 01 打开抖音火山版App，点击底部的按钮，进入拍摄界面，点击底部的“音乐”按钮，如图4-9所示。

步骤 02 打开“在线音乐”界面，可以看到有很多歌曲供用户选择，如图4-10所示。选择其中的一首歌曲后，点击“确认使用并开拍”按钮，如图4-11所示。

图4-9 点击“音乐”

图4-10 “在线音乐”界面

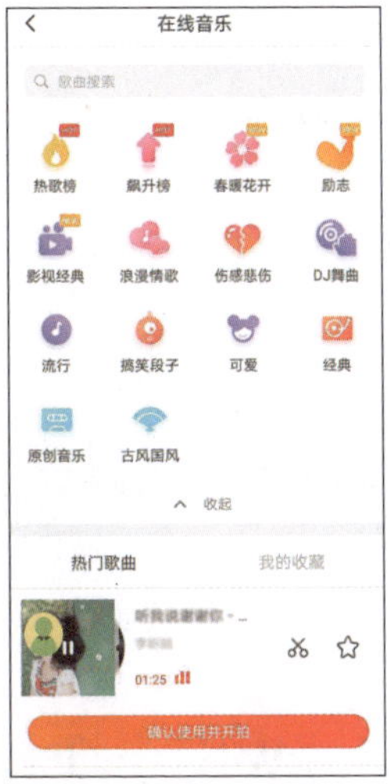

图4-11 点击“确认使用并开拍”

步骤 03 返回到拍摄界面，点击按钮即可拍摄视频，如图4-12所示。

步骤 04 拍摄完毕即可自动打开图4-13所示的界面，点击右下角的“下一步”按钮。

图4-12 拍摄视频

图4-13 点击“下一步”按钮

步骤05 打开“发布”界面，点击底部的“发布”按钮即可发布视频，如图4-14所示。

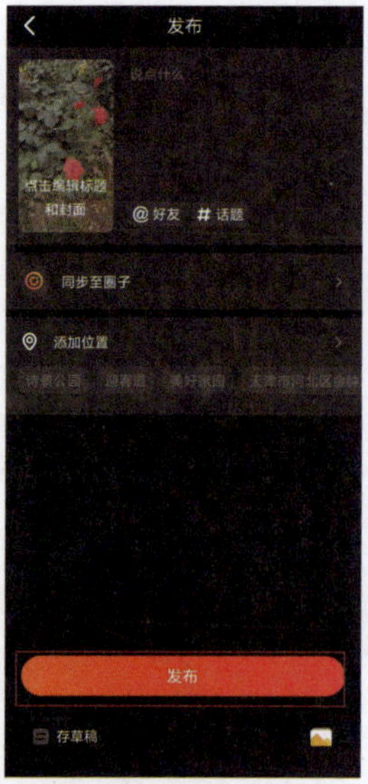

图4-14 发布视频

4.4 抖音火山版应用技巧

使用抖音火山版拍摄和发布视频时，想要提高视频的播放量，有哪些技巧呢？

4.4.1 火山小视频提高人气的方法

火山小视频提高人气的常见方法如下。

（1）发布原创视频。有创意的高质量原创视频更有吸引力。

（2）要吸引人气。入住平台之初，肯定没人气，可以多与别人互相关注，进行互粉、点赞、评论等互动，慢慢积攒人气。

（3）持续发布视频，保持一定的视频发布频率。

4.4.2 减少无用推荐

抖音火山版每天都会推荐很多热门的视频，当遇到自己不感兴趣的视频时，怎么设置可以减少推荐这些无用内容呢？具体操作步骤如下。

步骤01 打开软件点击不感兴趣的视频并长按3~5秒，会弹出“不感兴趣”提示，点击即可，如图4-15所示。

步骤02 系统出现“将减少推荐类似内容”提示，如图4-16所示。

图4-15 点击“不感兴趣”

图4-16 将减少推荐类似内容

4.4.3 设置只让粉丝评论

设置只让粉丝进行评论的具体操作步骤如下。

步骤 01 打开抖音火山版App，点击左上角的☰按钮，在打开的界面中点击“设置”，如图4-17所示。

步骤 02 打开“设置”界面，点击“隐私”，如图4-18所示。

图4-17 点击“设置”

图4-18 点击“隐私”

步骤 03 打开“隐私”界面，点击“谁能评论我”，如图4-19所示。

步骤 04 打开“谁能评论我”界面，点击“只允许关注我的人评论”单选按钮即可，如图4-20所示。

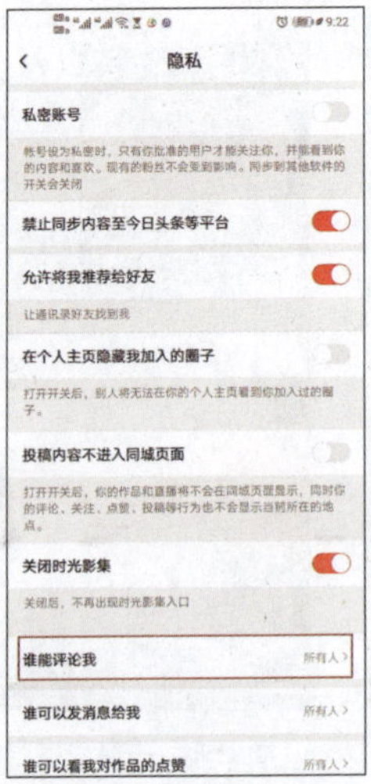

图4-19 “谁能评论我”

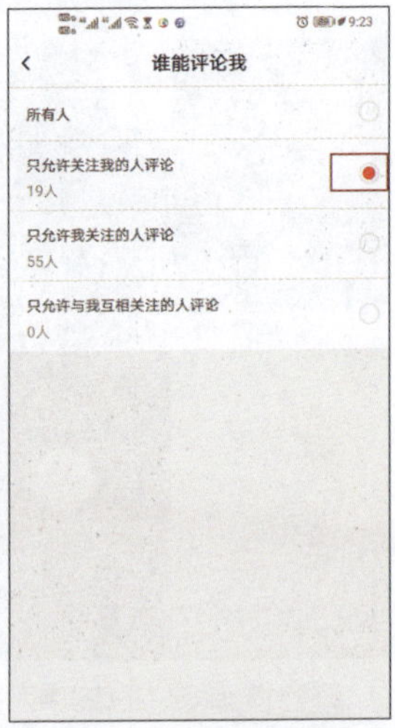

图4-20 “只允许关注我的人评论”

4.4.4 用原声录制视频

抖音火山版录制的视频，可以选择软件自带的音乐，或者是用户已收藏的音乐。下面讲述在抖音火山版使用原声录制视频的具体操作步骤。

步骤 01 打开抖音火山版App，然后点击打开一个视频，点击右上角的•••，然后在底部弹出的列表中选择“用原声开拍”选项，如图4-21所示。

步骤 02 点击拍摄按钮，如图4-22所示，即可拍摄视频。

图4-21 选择“用原声开拍”

图4-22 点击拍摄按钮

步骤 03 拍摄完成后点击“下一步”按钮，如图4-23所示。

步骤 04 点击“发布”按钮即可发布视频，如图4-24所示。

图4-23 点击“下一步”按钮

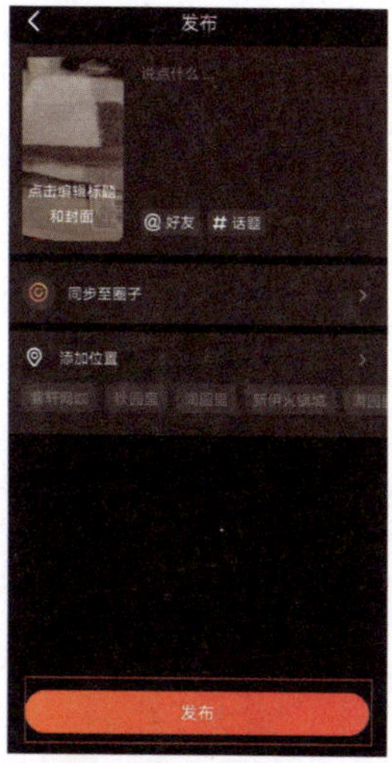

图4-24 发布视频

4.4.5 设置开启关注的人发布视频

设置开启关注的人发布视频具体操作步骤如下。

步骤 01 打开抖音火山版App，点击左上角的☰按钮，在打开的界面中点击“设置”，如图4-25所示。

步骤 02 打开“设置”界面，点击“通知管理”，如图4-26所示。

步骤 03 打开“通知管理”界面，选择“关注的人发布新视频”即可，如图4-27所示。

图4-25 点击“设置”

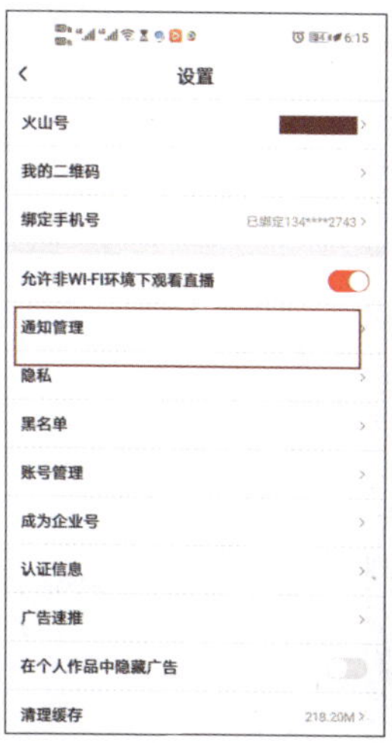

图4-26 点击“通知管理”

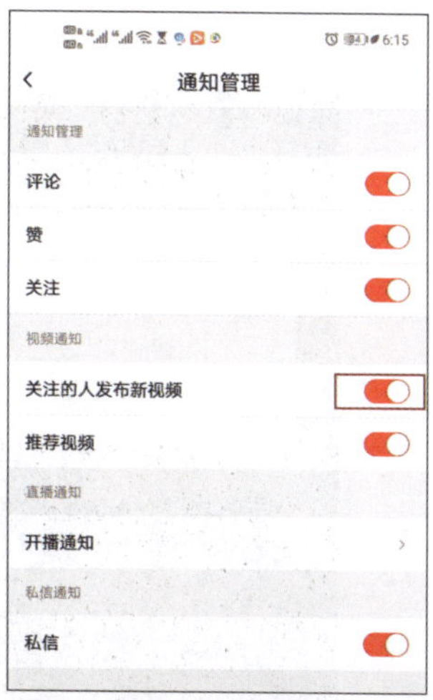

图4-27 选择“关注的人发布新视频”

4.5 开通直播的方法和步骤

抖音火山版支持直播，供用户展示、记录自己的生活。开通直播步骤如下。

步骤 01 打开抖音火山版App，点击左上角的☰按钮，在打开的界面中点击“我要开播”，如图4-28所示。

步骤 02 打开“我要开播”界面，点击“我要开播”按钮，如图4-29所示。

步骤 03 在打开的直播界面中点击“开始视频直播”按钮，如图4-30所示。

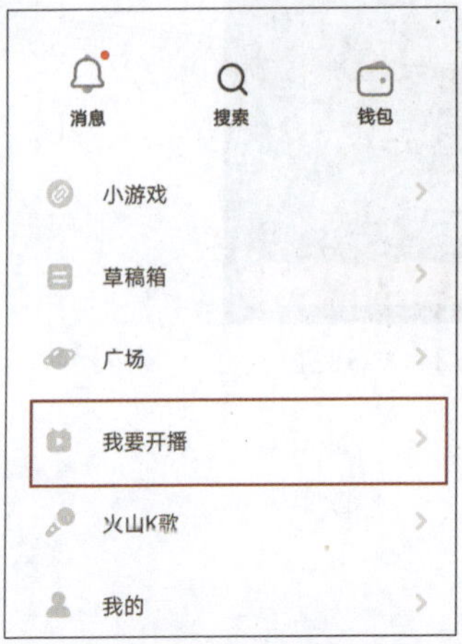

图4-28 点击“我要开播”

图4-29 点击“我要开播”

图4-30 点击“开始视频直播”

步骤 04 弹出提示框，提示“根据国家的相关法律法规，开启直播必须要进行实名认证审核，是否去认证？”，点击“现在去”按钮，如图4-31所示。

步骤 05 打开“实名认证”界面，输入真实姓名和身份证号，选择“同意火山主播协议”选项，点击“开始认证”按钮，如图4-32所示，即可完成认证。

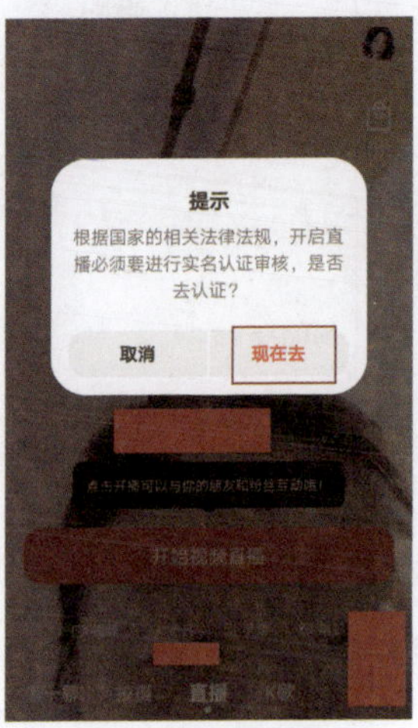

图4-31 提示框

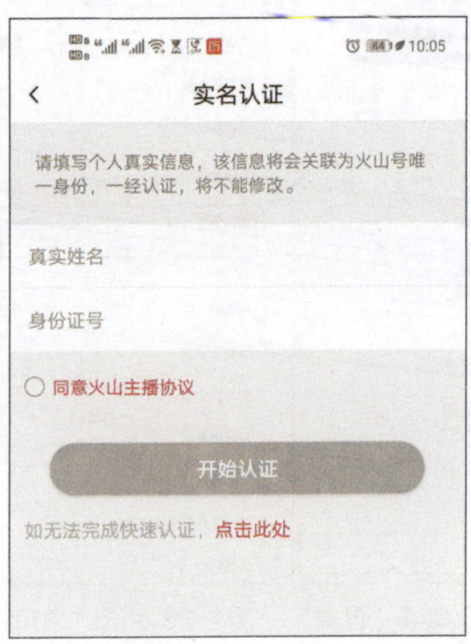

图4-32 实名认证

4.6 使用特效功能

抖音火山版使用特效功能具体操作步骤如下。

步骤 01 打开抖音火山版App，点击底部的图标，在打开的界面中点击右下角“上传”，如图4-33所示。

步骤 02 打开手机相册后，点击想要发布的视频，然后点击右上角的“下一步”按钮，如图4-34所示。

图4-33 点击“上传”

图4-34 点击“下一步”按钮

步骤 03 点击左下角“特效”，这里提供了各种各样的特效，用户根据需要选择并应用即可，如图4-35所示。

步骤 04 选择“画面特效”中的“撒金粉”特效，定位特效的起始位置后，按住选择的特效即可为视频应用特效，如图4-36所示，设置完成后点击右上角“完成”。

图4-35 点击左下角“特效”

图4-36 选择“撒金粉”

步骤 05 点击右下角的“下一步”按钮，如图4-37所示。

步骤 06 在打开的界面中点击“发布”按钮，即可发布视频，如图4-38所示。

图4-37 点击“下一步”按钮

图4-38 发布视频

4.7 创作服务台

抖音创作服务平台是抖音短视频（含抖音火山版）创作者的一站式服务平台，致力于帮助创作者高效运营。

4.7.1 内容管理

创作服务平台中的内容管理模块中可以查看直播数据及视频状态，也可以为视频添加地点信息，协助用户便捷高效的进行内容管理。内容管理的具体操作步骤如下。

步骤 01 登录抖音火山版创作服务平台，如图4-39所示，单击页面顶部的“内容管理”。

步骤 02 打开“发布视频”页面，可以看到发布视频的渠道，如图4-40所示。

图4-39 创作服务平台

图4-40 发布视频

步骤03 在页面空白处单击，弹出“打开”对话框，在对话框中选择要上传的视频文件，选择后单击“打开”按钮，如图4-41所示。

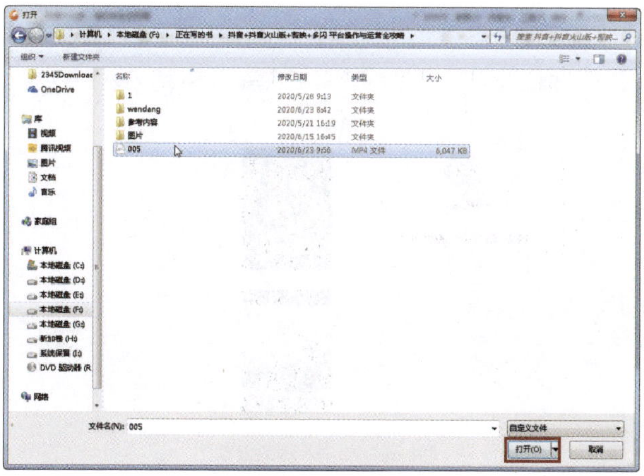

图4-41 上传视频

步骤04 回到“发布视频”页面，输入“视频标题”和“视频描述”，输入完成后单击“发布”按钮，如图4-42所示。

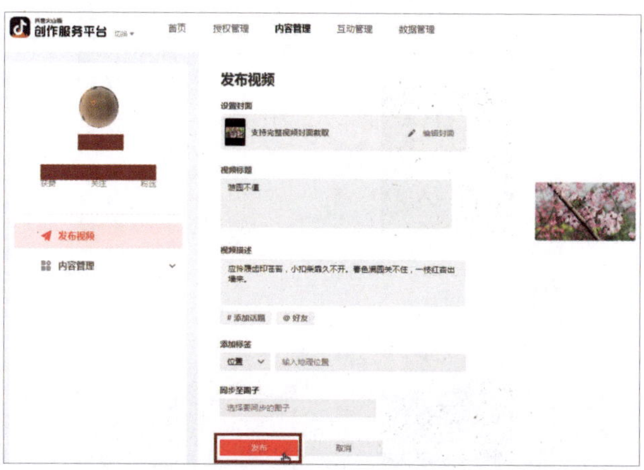

图4-42 发布视频

步骤05 单击后即可发布成功，如图4-43所示。

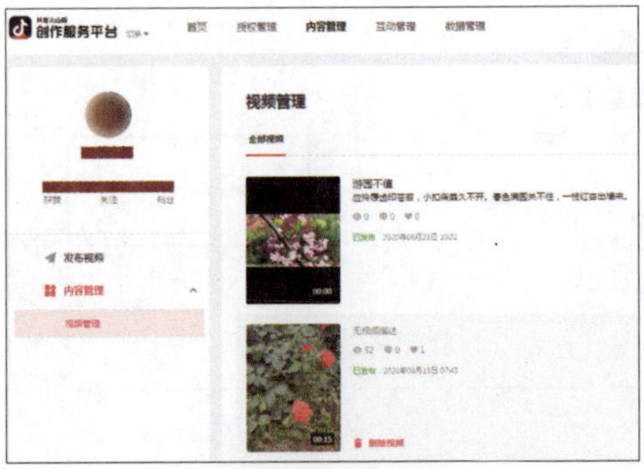

图4-43 发布成功

步骤06 单击左侧的“内容管理”下的“视频管理”，可以看到已发布的所有视频，选择一个要删除的视频，单击“删除视频”，如图4-44所示。

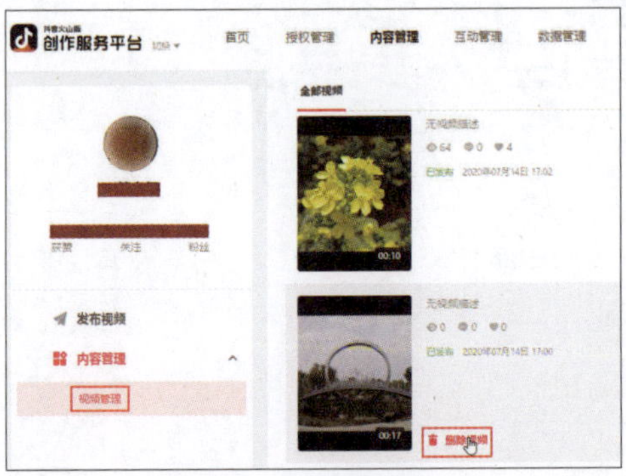

图4-44 单击“删除视频”

步骤07 弹出“确定要移除此视频吗”提示框，单击“确定”按钮即可删除此视频，如图4-45所示。

图4-45 删除此视频

4.7.2 互动管理

通过互动管理可以查看粉丝数据、查看互动数据、添加关注、删除好友、快速管理关注及粉丝列表。互动管理的具体操作步骤如下。

步骤 01 登录抖音火山版创作服务平台，单击页面顶部的“互动管理”，如图4-46所示。

图4-46 单击“互动管理”

步骤 02 在“关注列表”中单击“操作”下面的“取消关注”，如图4-47所示。

图4-47 单击“取消关注”

步骤 03 弹出提示框，单击“确定”按钮，即可取消关注该好友，如图4-48所示。

图4-48 提示框

步骤 04 单击“粉丝管理”，在粉丝列表中选择粉丝可以进行“取消关注”的操作，如图4-49所示。

图4-49 选择粉丝取消关注

第5章

剪映 剪出美好生活

剪映是一款视频编辑工具，使用剪映能够轻松对视频进行各种编辑。剪映主要为用户提供视频剪辑功能，可以满足用户视频制作需求。本章就来介绍剪映功能，以及使用剪映进行视频剪辑和使用剪映制作特效的操作方法。

5.1 剪映功能介绍

剪映App是一款视频编辑剪辑软件，功能多而实用，操作简单、容易，利用剪映可以轻松剪辑出有趣的视频。

5.1.1 认识界面

下面介绍剪映App的界面，帮助大家初步认识剪映App的基本功能。

打开剪映，点击“开始创作”按钮，可以添加视频，如图5-1所示。图5-2所示是“剪辑草稿”和“模板草稿”。

图5-1 剪映App

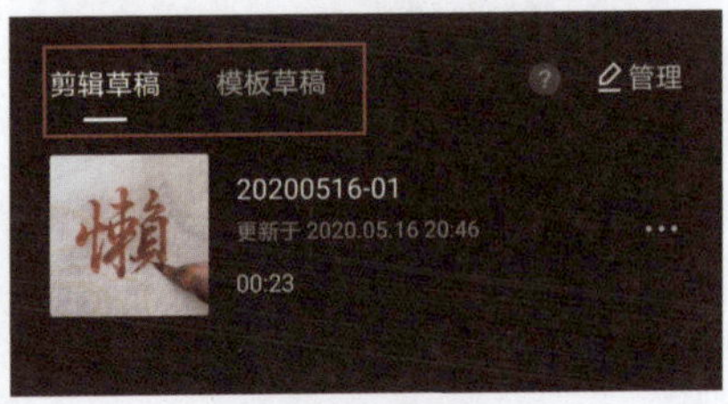

图5-2 草稿箱

剪映的管理功能，可以对之前做的项目进行管理、删除或者修改，如图5-3所示。

剪映的设置界面如图5-4所示，通过点击剪映首页左上角的设置按钮打开。

视频剪辑界面如图5-5所示，通过点击剪映首页的“开始创作”按钮添加视频后可以打开。界面左上方的“x”就是关闭界面。界面右上方有两个选项，一个是用来放大画面的按钮，另一个是“导出”按钮。界面中间是预览框，预览框下面是时间线及剪辑框，可以左右来回移动。界面最底部是功能栏，包括剪辑、音频、文字、添加字帖、画中画等。

图5-3 管理功能

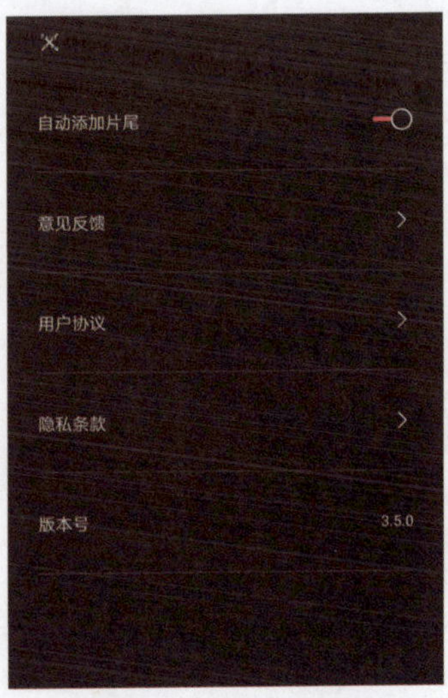

图5-4 “设置”界面

图5-5 视频剪辑界面

5.1.2 调整素材时间长度

下面讲述如何调整素材时间长度，具体操作步骤如下。

步骤 01 打开剪映进入视频剪辑界面，点击视频，如图5-6所示。

步骤 02 打开时长编辑框，在编辑框右侧点击并向右拖动，拖动至目的位置后松开，即可增加视频时长，如图5-7所示。

步骤 03 如果点击时长编辑框右端并向右拖动后，没有松开，而是一直长按，则可迅速增加视频时长，如图5-8所示。

图5-6 点击视频

图5-7 增加时长

图5-8 迅速增加时长

步骤 04 点击时长编辑框右端，然后向左拖动，拖动至目标位置后松开，即可缩短视频时长，如图5-9所示。

步骤 05 如果在点击时长编辑框右端并向左拖动后，没有松开，而是一直长按，则可快速缩短视频时长，如图5-10所示。

图5-9 缩短时长

图5-10 快速缩短时长

5.1.3 切换视频轨道

在剪辑视频时，有时需要切换视频轨道，剪映在使用“画中画”功能时，可以添加多个轨道进行切换操作。下面讲述剪映切换轨道的具体操作步骤。

步骤01 打开剪映App，点击“开始创作”按钮，选择要添加的视频，点击底部的“添加”按钮，如图5-11所示。

图5-11 添加视频

步骤02 在视频编辑界面中，点击选择下方的“画中画”，如图5-12所示。

步骤03 选择后点击“新增画中画”，如图5-13所示。

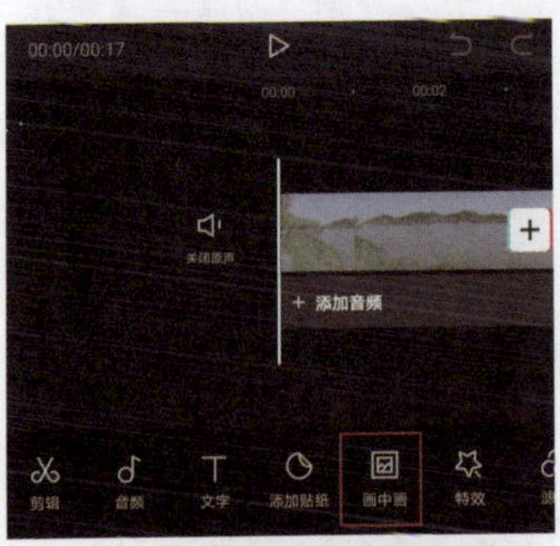

图5-12 点击“画中画”

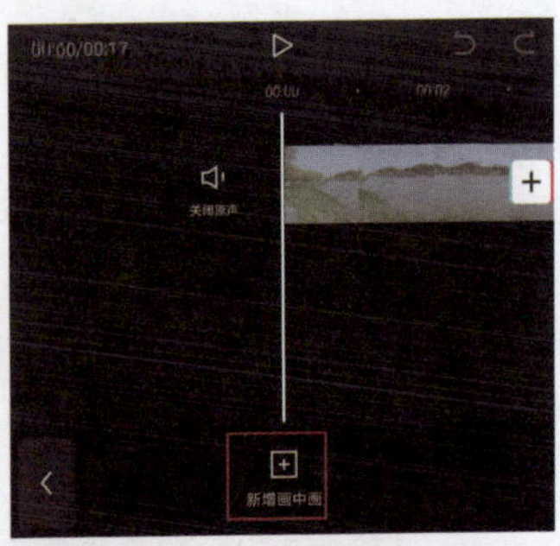

图5-13 点击“新增画中画”

步骤04 从手机相册选一段视频，添加到项目，如图5-14所示。

步骤05 向左滑动工具栏，点击“切主轨”，如图5-15所示。

步骤06 切换到主轨道之后向左滑动工具栏，点击“切画中画”，如图5-16所示，就切换到了画中画界面，这就是剪映画中画轨道的切换方式。

图5-14 添加视频

图5-15 点击“切主轨”

图5-16 切换到主轨道

5.2 使用剪映进行视频剪辑

剪映是一款视频编辑软件，可以对视频进行处理，功能非常强大。

5.2.1 添加贴纸

通过剪映可以在视频中添加贴纸，这样可以让视频变得更有特色和美观，使视频呈现想要的效果，具体操作步骤如下 。

步骤 01 打开剪映App，点击“开始创作”按钮，在打开的界面中选择要添加自定义贴纸的视频，点击底部的“添加”按钮，如图5-17所示。

步骤 02 打开视频编辑界面，拖动时间轴到要添加贴纸的地方，点击“添加贴纸”，如图5-18所示。

步骤 03 选择想要添加的贴纸，如图5-19所示。

图5-17 选择视频

图5-18 点击“添加贴纸”

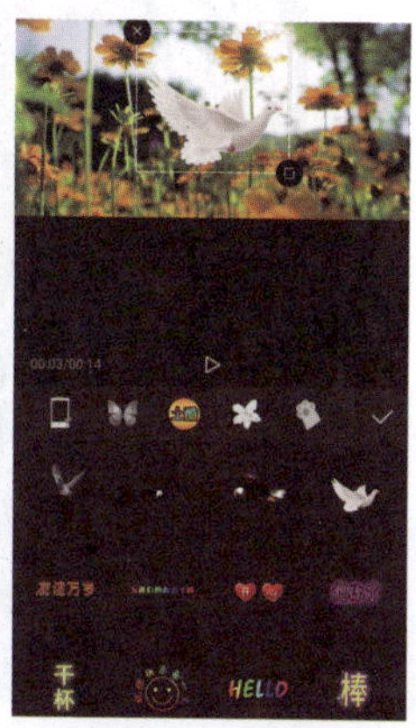

图5-19 选择贴纸

步骤 04 缩放并移动贴纸，以达到最佳效果，如图5-20所示。

步骤 05 设置分辨率和帧率，完成后点击“导出”即可，如图5-21所示。

图5-20 缩放移动贴纸

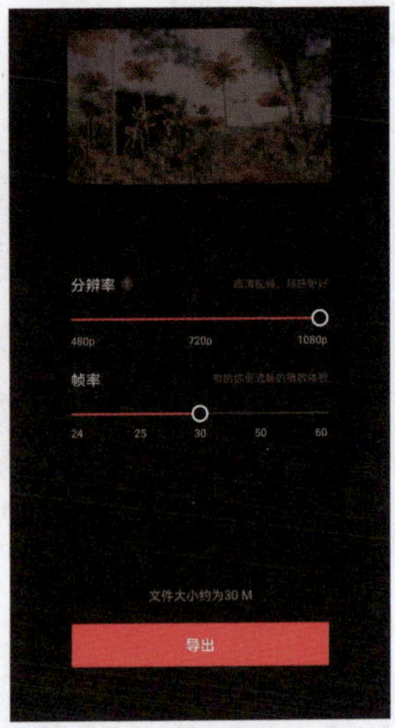

图5-21 设置分辨率和帧率

5.2.2 更改字幕大小和位置

使用剪映更改字幕大小和位置具体操作步骤如下。

步骤 01 打开剪映App，点击“开始创作”按钮，然后打开本地相册，选择想要添加的视频，点击底部的“添加”按钮，如图5-22所示。

步骤 02 添加视频后点击界面底部的“文字”，如图5-23所示。

图5-22 添加视频

图5-23 点击“文字”

步骤 03 点击底部的“新建文本”，如图5-24所示。

步骤 04 输入文字“临湖别墅”，然后设置文本颜色，点击确定“√”符号，如图5-25所示。

图5-24 点击“新建文本”

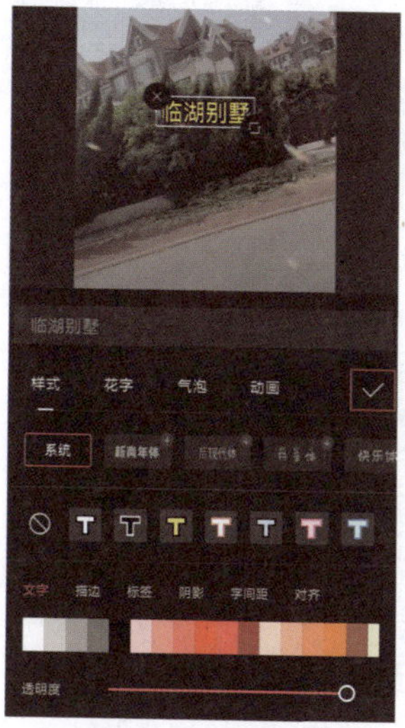

图5-25 设置文本颜色

步骤 05 选中下方字幕文字框，拖动视频中的文字并移动位置，点击右下方“扩展”，如图5-26所示，扩大字幕文字，即可完成操作，如图5-27所示。

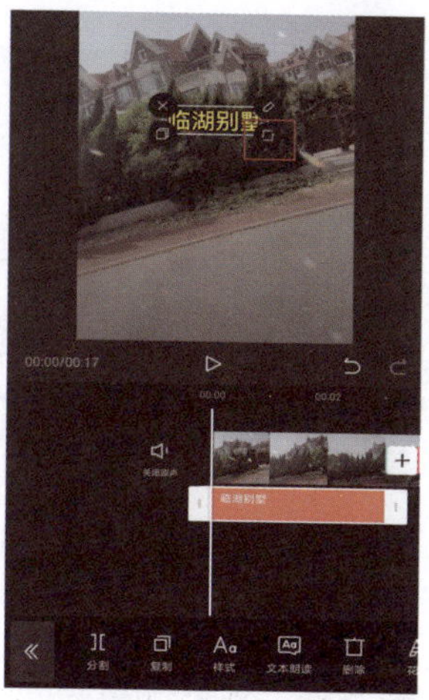

图5-26 移动文字

图5-27 更改字幕大小和位置

5.2.3 制作慢放视频

如果想要将视频进行慢放，应该怎么操作呢？下面使用剪映制作慢放视频。

步骤 01 打开剪映App，点击“开始创作”按钮，然后打开本地相册，选择想要添加的视频，点击底部的“添加”按钮，如图5-28所示。

步骤 02 添加视频后，点击下面的“剪辑”，如图5-29所示。

图5-28 添加视频

图5-29 点击“剪辑”

步骤03 在剪辑功能中选择“变速”即可，如图5-30所示。

步骤04 根据需求，可以选择“常规变速”或“曲线变速”。点击“常规变速”，如图5-31所示。

图5-30 点击变速

图5-31 调整变速

步骤05 打开图5-32所示的界面，调整视频的播放速度，调整完毕后点击最下方的“√”，即可成功调整视频速度。

步骤06 点击“曲线变速”，打开图5-33所示的界面，可以设置视频的曲线变速效果。

图5-32 常规变速

图5-33 曲线变速

5.2.4 自动添加歌词

通过剪映软件剪辑视频的时候，如何使用剪映自动添加歌词呢？使用剪映自动添加歌词具体操作步骤如下。

步骤 01 打开剪映App，点击“开始创作” 按钮，打开本地相册，选择想要添加的视频，点击底部的“添加”按钮，如图5-34所示。

步骤 02 在视频编辑界面中，点击“添加音频”按钮，如图5-35所示。

图5-34 添加视频

图5-35 点击“添加音频”

步骤 03 点击底部的“音乐”，如图5-36所示。

步骤 04 打开“添加音乐”界面，选择合适的音乐，点击“使用”按钮，如图5-37所示。

图5-36 点击“音乐”

图5-37 选择音乐

步骤 05 点击底部的“文字”按钮，如图5-38所示。

步骤 06 点击“识别歌词”按钮，如图5-39所示。

图5-38 点击“文本”按钮

图5-39 识别歌词

步骤 07 在弹出窗口中点击“开始识别”按钮，如图5-40所示。

步骤 08 稍等片刻，即可在界面上方出现“识别成功，已自动生成歌词”的提示，如图5-41所示。

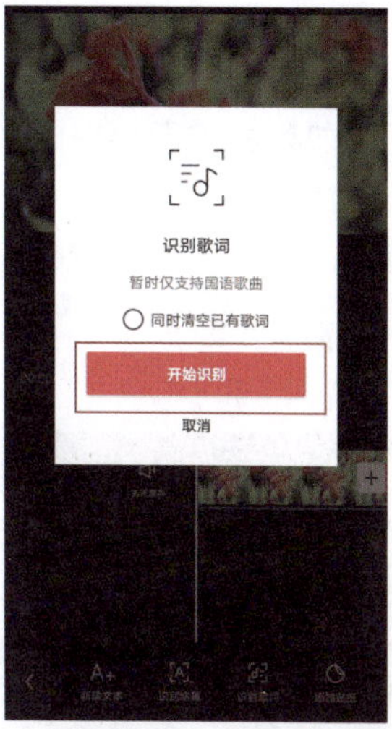

图5-40 点击“开始识别”按钮

图5-41 自动生成歌词

5.2.5 设置视频分辨率

在使用剪映编辑视频时，剪辑后的视频常常会出现分辨率太低、画面模糊的问题，怎样提高视频的分辨率呢？下面具体讲解设置视频分辨率的操作。

步骤 01 打开剪映App，点击“开始创作”按钮，打开本地相册，选择想要添加的视频，点击底部的“添加”按钮，如图5-42所示。

步骤 02 点击右上角的“导出”按钮，如图5-43所示。

步骤 03 在打开的界面中可以设置分辨率，以高清显示视频画面，如图5-44所示。

图5-42 添加视频

图5-43 点击“导出”

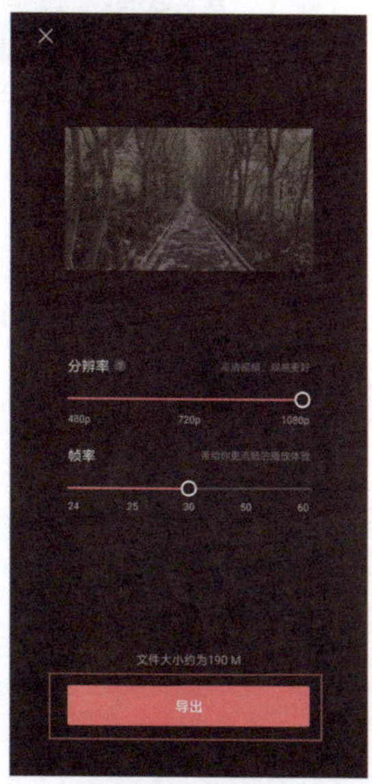

图5-44 设置分辨率

5.2.6 更换视频顺序

在剪辑多段视频的时候，有时需要调整几段视频的顺序，怎样调整视频的顺序呢?具体操作步骤如下。

步骤 01 打开剪映App，添加多段视频，找到你想要调整顺序的两段视频，选中其中一段，如图5-45所示。

步骤 02 长按视频并左右滑动，更换视频顺序，如图5-46所示。

图5-45 选中一段视频

图5-46 更换视频顺序

5.3 使用剪映制作特效

剪映App提供了多种特效，下面介绍使用剪映为视频添加特效的方法。

5.3.1 给视频变声

剪映App不仅为广大用户提供了各种丰富的图像特效，而且通过它还可以进行音效变声。在制作视频时经常会用到变声特效，使用剪映为视频变声的具体操作如下。

步骤 01 打开剪映App，添加视频后，点击底部的“剪辑”，如图5-47所示。

步骤 02 点击底部的“变声”，如图5-48所示。

图5-47 点击“剪辑”

图5-48 点击“变声”

步骤 03 选择“女生”变声，点击右下角“√”，如图5-49所示。

步骤 04 点击右上角“导出”按钮即可完成对视频的变声处理，如图5-50所示。

图5-49 选择变声效果

图5-50 导出视频

5.3.2 制作倒放视频

经常刷抖音的朋友肯定看过一些非常有意思的倒放视频，效果让人有一种视觉上的错觉，非常有趣。下面介绍倒放视频的制作，具体操作步骤如下。

步骤 01 打开剪映App，添加视频后，点击底部的“剪辑”，如图5-51所示。

步骤 02 点击底部的“倒放”，如图5-52所示。

图5-51 点击“剪辑”

图5-52 点击“倒放”

步骤03 弹出提示框，提示倒放进度，如图5-53所示。

步骤04 进度完成后点击右上角的“导出”按钮即可，如图5-54所示。

图5-53 提示“倒放中”

图5-54 导出视频

5.3.3 更改视频比例

使用剪映可以更改视频比例，具体操作步骤如下。

步骤01 打开剪映App，添加视频后，点击底部的“比例”，如图5-55所示。

步骤 02 在界面底部中选择一个想要修改的比例，如9:16、3:4、1:1、4:3、16:9等，如图5-56所示。

步骤 03 调整完成后，点击右上角的“导出”按钮即可，如图5-57所示。

图5-55 点击“比例”

图5-56 选择比例

图5-57 调整视频比例

5.3.4 渐渐放大特效

使用剪映可以制作视频逐渐放大特效，具体操作步骤如下。

步骤 01 打开剪映App，添加视频后，点击底部的“特效”，如图5-58所示。

步骤 02 在特效的基础分类下找到并点击底部的“渐渐放大”，如图5-59所示。

步骤 03 视频即添加了渐渐放大特效，点击右上角的“导出”按钮导出视频，如图5-60所示。

图5-58 点击“特效”

图5-59 点击"渐渐放大"

图5-60 添加渐渐放大特效

5.3.5 添加转场

在剪映中将两段视频直接放到一起，在播放时两段视频的连接处会显得很生硬，这时就需要在两段视频间添加转场特效。为视频添加转场的具体操作步骤如下。

步骤 01 打开剪映App，添加至少两段视频，点击两段视频连接处的"白色图标"，如图5-61所示。

步骤 02 打开转场效果添加界面，选择转场效果，然后点击"√"确定，如图5-62所示。

步骤 03 这时两段视频连接处的白色图标变成转场图标，如图5-63所示，转场添加完成。

图5-61 点击"白色图标"

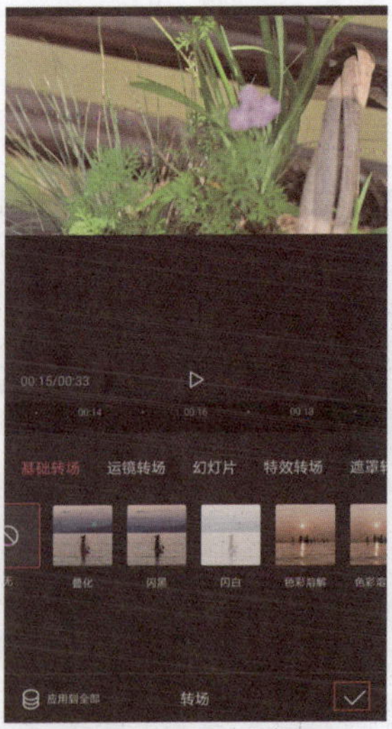

图5-62 选择转场效果

图5-63 转场图标

5.3.6 制作卡点视频

卡点视频就是踩着音乐节奏的照片视频。通常来说，技术流类的抖音视频分为特效和卡点两类。卡点视频制作起来最大的难点就是对音乐的把控，每一首歌曲都有其相应的节奏，掌握好节奏的变化是制作卡点视频重点中的重点。

使用剪映App制作卡点视频的具体操作步骤如下。

步骤 01 打开剪映App，添加视频文件后，进入“视频编辑”界面，点击底部的“音频”，如图5-64所示。

步骤 02 在下方列表中点击“音乐”按钮，如图5-65所示。

图5-64 点击“音频”

图5-65 点击“音乐”按钮

步骤 03 打开“添加音乐”界面，点击“卡点”，找到自己感兴趣的在线卡点歌曲，进入卡点曲库下载卡点歌曲，接着选择已下载的卡点歌曲，点击右侧的“使用”按钮，如图5-66所示。

图5-66 选择卡点歌曲

步骤 04 将卡点音乐应用于当前素材，点击刚添加的音频列，点击“添加点”按钮，如图5-67所示。

步骤 05 打开“卡点”功能之后，点击左侧的“自动踩点”按钮，这样就能将每个卡点的节奏用黄点标注出来，如图5-68所示。

步骤 06 将素材的内容进行拖动，让它符合黄点的节奏，这样就基本完成了卡点视频的制作。

图5-67 点击“添加点”按钮

图5-68 自动踩点

5.3.7 添加花字

有趣的内容配合适当的花字可以让视频效果更加生动、有趣。下面讲述使用剪映添加花字的具体操作步骤。

步骤 01 打开剪映App，添加视频后，即可进入“视频编辑”界面，点击底部的“文字”，如图5-69所示。

步骤 02 点击底部的“新建文本”，如图5-70所示。

图5-69 点击“文字”

图5-70 点击“新建文本”

步骤 03 输入文字“雍容华贵”，点击“花字”，如图5-71所示。

步骤 04 在界面中选择一种相应的花字样式，然后点击“√”，如图5-72所示。

步骤 05 添加花字后，点击右上角的“导出”按钮即可导出视频，如图5-73所示。

图5-71 输入文字

图5-72 选择相应的样式

图5-73 添加花字

5.3.8 剪同款功能

使用剪映剪辑视频时，可以使用剪同款的功能，实现快速剪辑。使用剪同款功能的具体操作如下。

步骤 01 打开剪映App，添加视频文件后，点击“剪同款”，如图5-74所示。

步骤 02 进入模板选择页面，选择需要使用的模板并进入视频，如图5-75所示。

步骤 03 进入后，点击底部的“剪同款”按钮，如图5-76所示。

图5-74 点击“剪同款”

图5-75 选择模板进入

图5-76 点击“剪同款”按钮

步骤 04 打开本地相册，选择相应的视频或图片，点击底部的“下一步”按钮，如图5-77所示。

步骤 05 点击右上角的“导出”按钮即可完成剪同款视频操作，如图5-78所示。

图5-77 本地相册

图5-78 导出视频

5.3.9 画布模糊

在剪辑视频时，经常需要为视频添加画布，在添加视频画布时常常需要使用视频画布模糊功能，实现视频画布的模糊效果，具体操作步骤如下。

步骤 01 打开剪映App，添加视频文件，点击底部的“背景”，如图5-79所示。

步骤 02 点击底部的“画布模糊”选项，如图5-80所示。

图5-79 点击“背景”

图5-80 点击“画布模糊”

步骤 03 画布模糊提供4种模糊的程度，用户根据需要选择使用，选择完后调整视频，然后点击“√”保存设置，如图5-81所示。

步骤 04 使用完成后，点击右上角的“导出”按钮保存视频，如图5-82所示。

图5-81 选择模糊程度

图5-82 点击“导出”

5.3.10 给视频添加电影感

使用剪映为视频添加电影感可以让短视频给人别样的感觉。剪映给视频添加电影感的具体操作步骤如下。

步骤 01 打开剪映App，添加视频文件，进入剪辑界面，点击底部的“特效”选项，如图5-83所示。

步骤 02 在特效里的基础分类下，点击“电影感”，应用后即可看到效果，然后点击“√”保存，如图5-84所示。

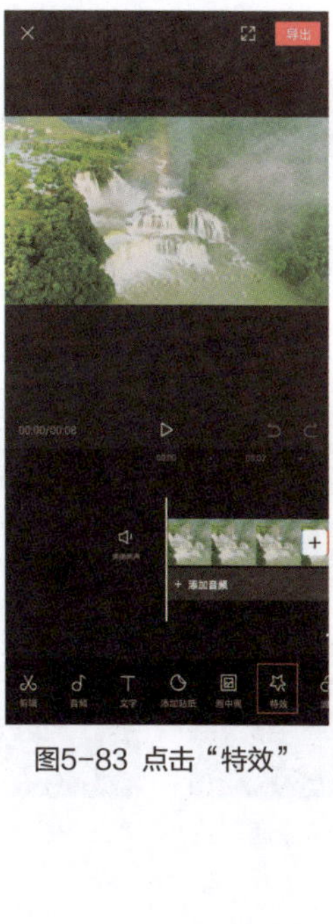

图5-83 点击“特效”

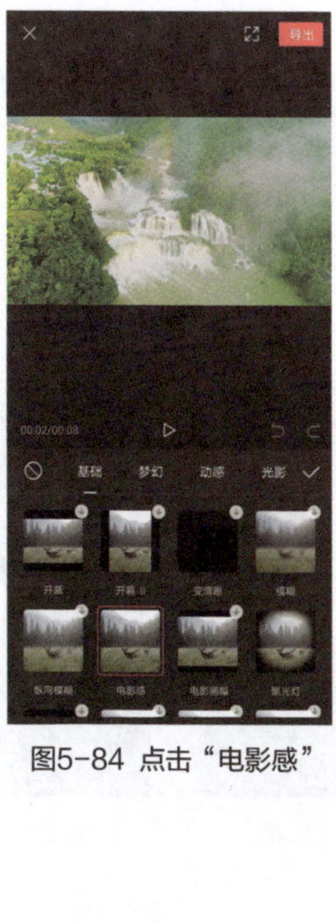

图5-84 点击“电影感”

步骤 03 返回剪辑界面，点击视频下的“电影感”，调整应用范围，点击右上角的“导出”按钮即可，如图5-85所示。

图5-85 点击“导出”

5.3.11 曲线变速特效

使用剪映编辑视频时，想要调整视频速度，可以使用剪映的变速功能，对视频进行变快或变慢的调整。如果想在视频的不同位置进行变速设置，可以使用剪映的曲线变速功能，具体操作步骤如下。

步骤 01 打开剪映App，添加视频文件，进入剪辑界面，点击底部“剪辑”选项，如图5-86所示。

步骤 02 点击底部的“变速”选项，如图5-87所示。

步骤 03 点击底部的“曲线变速”，如图5-88所示。

图5-86 点击“剪辑”

图5-87 点击“变速”

图5-88 点击“曲线变速”

步骤 04 根据实际情况选择模板或者自定义编辑后，点击底部的“√”保存，如图5-89所示。

步骤 05 点击右上角的“导出”按钮即可，如图5-90所示。

图5-89 选择曲线变速

图5-90 点击“导出”

5.3.12 同时添加多个特效

使用剪映剪辑视频还可以同时添加多个特效，具体操作步骤如下。

步骤 01 打开剪映App，添加视频文件，进入剪辑界面，点击底部“特效”选项，如图5-91所示。

步骤 02 选择一款特效后点击右侧“√”保存，如图5-92所示。

图5-91 点击“特效”

图5-92 选择特效

步骤 03 选择当前特效，按住特效右侧边框并向右拉伸，使其和视频画面同步，如图5-93所示。

步骤 04 点击右上角的“导出”按钮，如图5-94所示。

图5-93 拉伸特效

图5-94 点击“导出”

步骤 05 点击完成并保存草稿，如图5-95所示。

步骤 06 再次点击“开始创作”按钮，选择之前制作好的视频，点击“特效”按钮，如图5-96所示。

图5-95 保存草稿

图5-96 添加视频

步骤 07 选择一款特效后点击右侧“√”按钮保存，如图5-97所示，为其添加特效。

步骤 08 选中特效并拉伸使之与视频画面同步，再将视频导出即可实现同时添加两个特效重叠的效果，如图5-98所示。

图5-97 添加特效

图5-98 同时添加两个特效

第 6 章

手把手教你玩转多闪

多闪是字节跳动推出的一款针对年轻人的小视频社交App，是集短视频与聊天于一体的社交应用软件。用户使用多闪能上传精彩短视频，还能发现更多的小伙伴。多闪提供的多样性编辑工具可以帮助用户打造炫酷短视频。本章就来介绍多闪App基本功能，以及建立多闪群、添加好友、使用多闪发布随拍视频、添加文字和使用道具等内容。

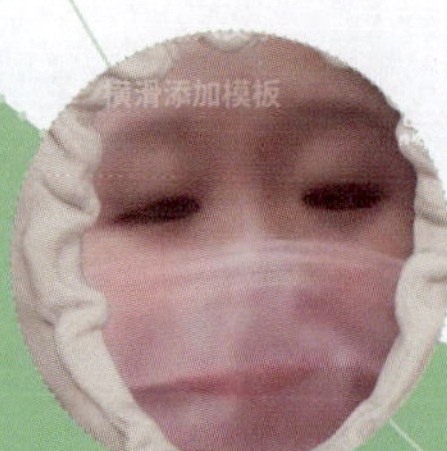

6.1 多闪App

用户可以直接使用抖音账号登录多闪App，享受无障碍的视频社交互动模式，图6-1所示为多闪App界面。

多闪App以短视频+社交为基础，其中主要功能为“随拍”，用户拍下的视频可以被别人看到，也可以转换为个人相册，用户能够知道谁关注了自己、看自己发的视频等。

多闪App首页主要分为3个模块，“多闪”“随拍”○和“消息”。

“多闪”模块主要展示的是公开的视频，这些内容中包括可能认识的人、较有人气的人、附近的人等的视频。

“随拍”是多闪App的主要功能，在这里可以拍摄视频，也可以发布拍摄的视频，发布后好友可以收到提示消息。

“消息”模块主要显示的是聊天记录和可能认识的人。在消息界面可以给想要联系的人发送文字、表情、图片和视频等，也可以进行点赞和发送红包。

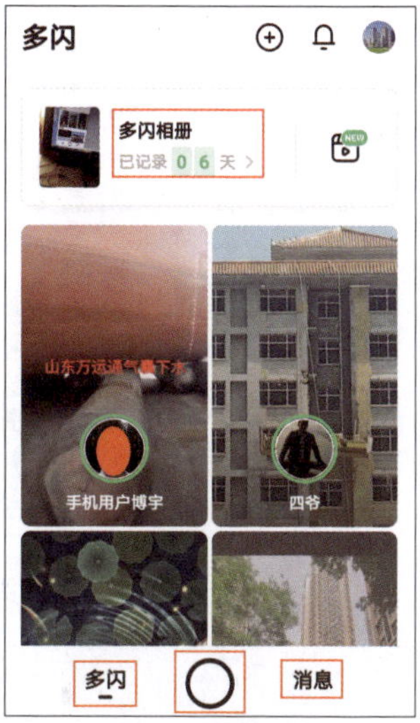

图6-1 多闪App首页

多闪的社交功能可以与抖音的聊天、评论、内容发布等互通，是多闪的基本功能。使用抖音账号登录多闪，并将抖音的账号、头像、昵称、通讯关系、历史消息等必要信息进行同步授权。

6.2 建立多闪群

多闪与抖音的区别就是多闪偏重社交，可以建立多闪群。建立多闪群以后，可以邀请好友或者有相同兴趣爱好的人到群里交流。建立多闪群具体操作步骤如下。

步骤01 打开多闪App，点击右上角的⊕按钮，然后在打开的列表中选择“发起群聊”选项，如图6-2所示。

步骤02 打开“发起群聊”界面，选择相应的好友，如图6-3所示，点击底部的“发起”按钮，即可创建群聊，如图6-4所示。

步骤03 在打开的界面中点击下方的会话框，输入内容，然后点击“发送”按钮，这样就可以在群聊中发送信息了，如图6-5所示。

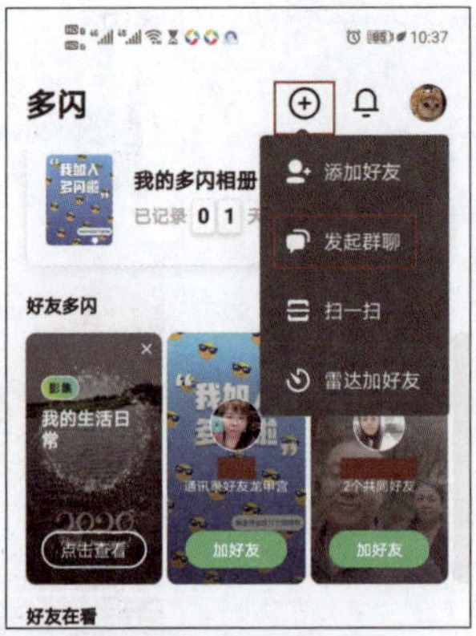

图6-2 选择“发起群聊”

图6-3 选择好友

图6-4 创建群聊

图6-5 在群聊中发送信息

6.3 添加好友

使用多闪添加好友的具体操作步骤如下。

步骤 01 打开多闪App，在多闪的首页会有可能认识的人，这是根据抖音中可能认识的人推荐的，点击想要添加为好友的视频下方的“加好友”按钮，如图6-6所示。

步骤 02 打开申请加好友界面，输入名字信息后点击▶即可发送添加好友申请，如图6-7所示。

图6-6 点击“加好友”

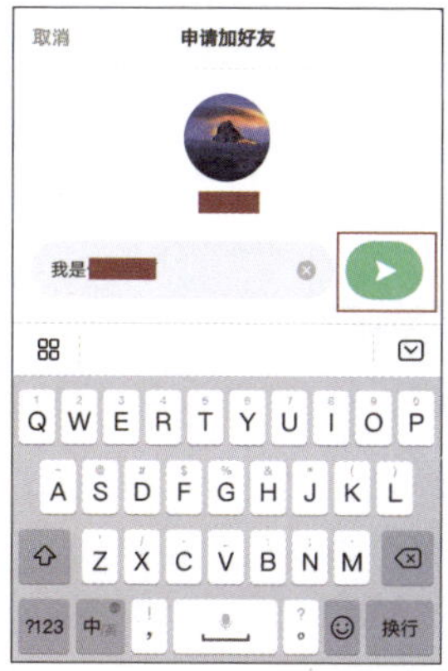

图6-7 添加好友

步骤 03 还可以点击右上角的⊕按钮，然后点击“添加好友”，如图6-8所示。

步骤 04 打开“添加好友”界面，点击“多闪ID/手机号”搜索框，如图6-9所示。

图6-8 点击“添加好友”

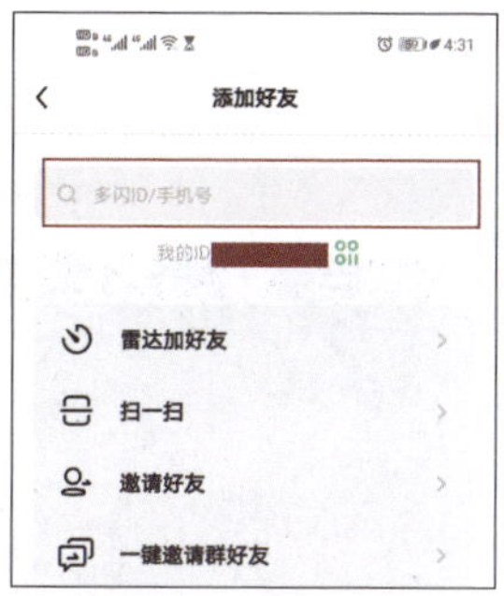

图6-9 添加好友

步骤 05 输入对方的多闪号或者手机号，点击下方的“查找用户”按钮，如图6-10所示。

步骤 06 搜索后点击“加好友”按钮即可发送申请消息给对方，等待对方同意后即可添加好友，如图6-11所示。

图6-10 点击“查找用户”按钮

图6-11 点击“加好友”按钮

此外还可以通过“雷达加好友”“扫一扫”“邀请好友”和“一键邀请群好友”等方式添加好友，这里不再一一介绍。

6.4 发布随拍

我们在使用多闪时，可以发布自己的随拍视频，通过拍摄随拍视频的方式，与好友或陌生人交流。想要发布随拍视频，在多闪App首页底部选择拍摄按钮即可。

6.4.1 添加文字

使用多闪可以为视频添加文字，具体操作步骤如下。

步骤01 打开多闪App，点击底部的拍摄○按钮，进入拍摄界面，点击底部的“相册”按钮，如图6-12所示。

步骤02 打开“我的相册”界面，选择相应照片，然后点击右上角的“文字”或者直接在界面中“点击输入文字”处输入文字，如图6-13所示。

图6-12 拍摄界面

图6-13 点击输入文字

步骤03 在页面中间显示“请输入文字”，如图6-14所示。

步骤04 输入文字内容，并根据需要移动位置或调整文字样式，如图6-15所示。

图6-14 显示“请输入文字”

图6-15 输入文字

步骤 05 调整文字样式后，最终效果如图6-16所示。

图6-16 文字样式效果

6.4.2 使用模板拍同款

使用同款道具可以轻松拍出同款特效视频，使用模板拍同款的具体操作步骤如下。

步骤 01 打开多闪App，点击底部的“拍同款”按钮，打开“贴纸模板拍同款”界面，包含有很多模板，选择想要的模板，点击“使用模板”，如图6-17所示。

步骤 02 打开拍摄界面，点击拍摄○按钮，进行拍摄，拍摄完毕后点击右下角的▶按钮，如图6-18所示，即可发布成功。

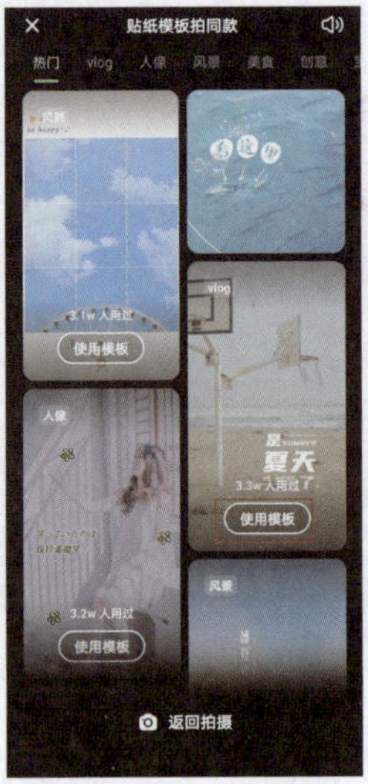

图6-17 点击“使用模板”

图6-18 点击按钮

6.5 多闪相册

多闪相册中是自己随拍的短视频，多闪相册功能模块包含“我的多闪”和“我的影集”。

6.5.1 我的多闪

用户从多闪相册中的“我的多闪”界面也可以拍摄视频。

步骤 01 打开多闪App，在界面的上方点击“多闪相册”，如图6-19所示。

步骤 02 打开“多闪相册”，选择“我的多闪”选项卡，如图6-20所示。

图6-19 点击“多闪相册”

图6-20 我的多闪

步骤 03 点击界面底部右侧的“拍摄”按钮，可以进入拍摄界面，如图6-21所示。

图6-21 拍摄界面

6.5.2 我的影集

在多闪可以分享生活片段、为视频添加滤镜特效、体验视频社交等，多闪中的视频都保存在“我的影集”中。

步骤 01 打开多闪App，点击界面上方的“多闪相册”，打开“多闪相册”界面，点击“我的影集”，切换至“我的影集”选项卡，如图6-22所示。

步骤 02 点击可以打开其中一个影集，如图6-23所示。

图6-22 我的影集

图6-23 影集

6.6 编辑短视频

用户使用多闪App进行拍摄时，可以给视频添加贴纸、添加配乐等。

6.6.1 添加贴纸

给视频添加贴纸，不仅可以让视频更加生动，还可以遮挡视频中的瑕疵。在多闪App中为视频添加贴纸的具体操作步骤如下。

步骤 01 打开多闪App，点击底部中间的拍摄○按钮，进入拍摄界面，点击右侧的“贴纸”，如图6-24所示。

步骤 02 打开“贴纸”列表，从中选择想要添加的贴纸，如图6-25所示，贴纸即可添加成功。

步骤 03 点击底部左侧的“保存”按钮，即可保存该视频，如图6-26所示。

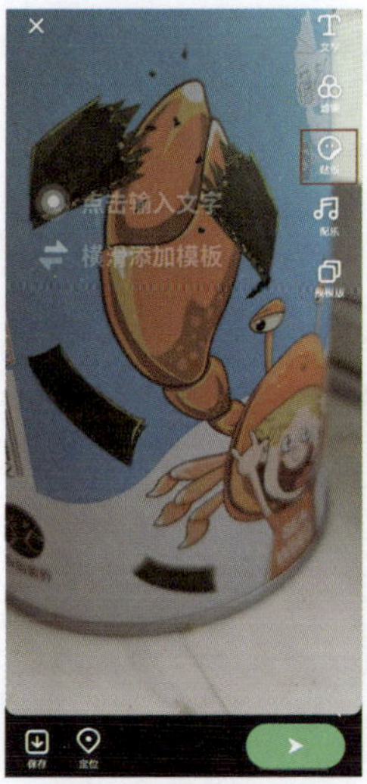

图6-24 点击“贴纸”

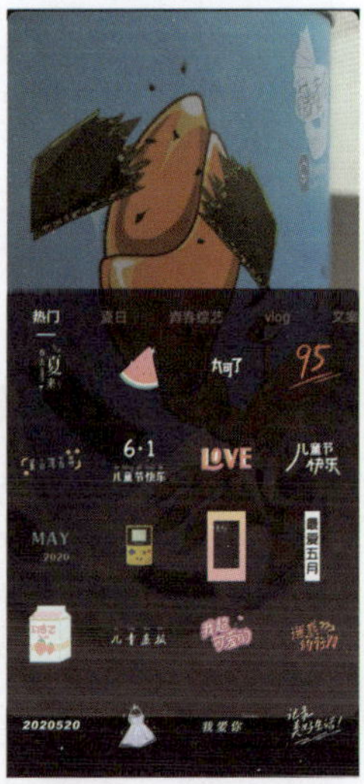

图6-25 选择贴纸

图6-26 保存视频

6.6.2 添加配乐

拍出来的视频再好看，如果没有好的音乐去衬托和渲染，就可能没有那么丰富的体验。下面介绍利用多闪添加配乐的具体操作步骤。

步骤 01 打开多闪App，点击底部中间的拍摄○按钮，进入拍摄界面，点击右侧的“配乐”，如图6-27所示。

步骤 02 在界面底部即可显示音乐列表，从中选择相应的音乐文件，如图6-28所示。多闪包含多个主题的音乐，供用户选择。

步骤 03 选择完毕，点击底部的“保存”即可，如图6-29所示。

图6-27 点击“配乐”

图6-28 选择音乐

图6-29 保存视频

6.7 使用道具

在抖音和多闪上经常看到别人发布的特效视频，这些视频多是借助道具完成的，那怎么给视频添加道具呢？

6.7.1 日常道具

大部分视频拍摄软件都自带道具，这样更能给视频的录制增加趣味。多闪App日常道具的具体添加方法如下。

步骤 01 打开多闪App，点击界面右侧的“道具”按钮，在界面的底部弹出列表项，点击“记录日常”选项，在其下面选择相应的道具，如图6-30所示。

步骤 02 选择道具后，点击界面底部的“保存”即可完成道具的添加，如图6-31所示。

图6-30 记录日常

图6-31 记录日常道具

6.7.2 定格风景道具

定格风景道具的具体使用方法如下。

步骤 01 打开多闪App，点击界面右侧的“道具”按钮，在界面的底部弹出列表项，点击“定格风景”选项，在其下面选择相应的道具，如图6-32所示。

步骤 02 点击界面底部的拍摄○按钮，即可开始拍摄，拍摄完成后点击左下角的“保存”按钮即可保存该视频，如图6-33所示。

图6-32 选择相应的道具

图6-33 保存视频

6.7.3 可爱萌娃道具

添加可爱萌娃道具的具体操作步骤如下。

步骤 01 打开多闪App，点击界面右侧的“道具”按钮，在界面的底部弹出列表项，点击“可爱萌娃”选项，在其下面选择相应的道具，如图6-34所示。

步骤 02 点击界面底部的拍摄○按钮，即可开始拍摄。拍摄完毕后点击左下角的“保存”按钮即可保存该视频，如图6-35所示。

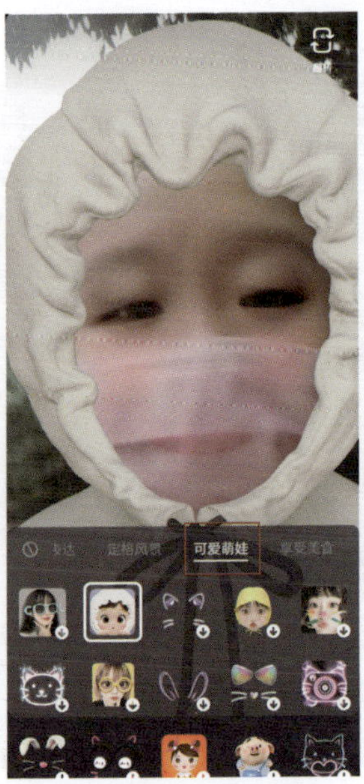

图6-34 点击“可爱萌娃”

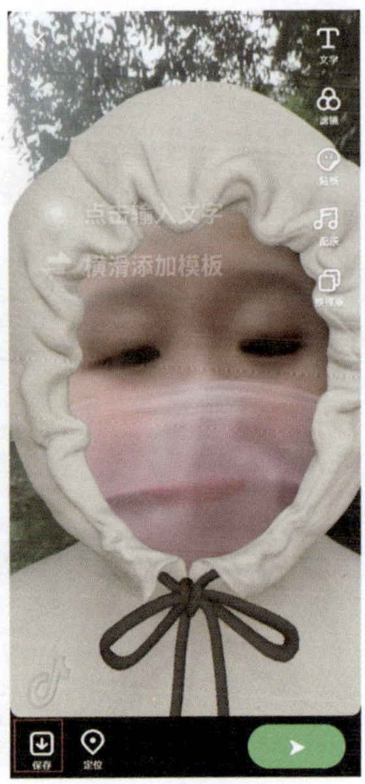

图6-35 保存视频

6.7.4 情绪表达道具

使用情绪表达道具的具体操作步骤如下。

步骤 01 打开多闪App，点击界面右侧的“道具”按钮，在界面的底部弹出列表项，点击“情绪表达”选项，在其下面选择相应的道具，如图6-36所示。

步骤 02 点击界面底部的拍摄○按钮，即可开始拍摄。拍摄完毕后点击左下角的“保存”按钮即可保存视频，如图6-37所示。

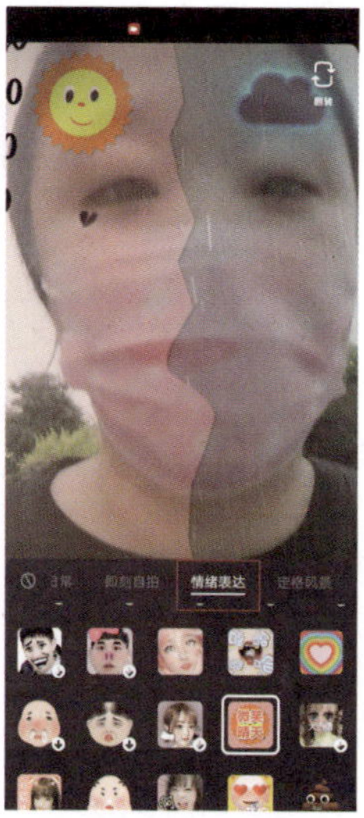

图6-36 选择道具

图6-37 保存视频

6.7.5 荷塘锦鲤道具

荷塘锦鲤效果中鱼儿的动加上荷花的静往往能让人产生愉悦的心情。下面使用“荷塘锦鲤”道具拍摄视频，具体操作步骤如下。

步骤 01 打开多闪App，点击界面右侧的“道具”按钮，在界面的底部弹出列表项，在其下面选择相应的“荷塘锦鲤”道具，如图6-38所示。

图6-38 选择“荷塘锦鲤”道具

步骤 02 点击界面底部的拍摄按钮，如图6-39所示。

步骤 03 拍摄完毕后点击左下角的“保存”按钮即可保存视频，如图6-40所示。

图6-39 拍摄视频

图6-40 保存视频

6.7.6 趣味宠物道具

下面使用趣味宠物道具拍摄短视频，具体操作步骤如下。

步骤 01 打开多闪App，点击界面右侧的“道具”按钮，在界面的底部弹出列表项，点击“趣味宠物”选项，在其下面选择相应的道具，如图6-41所示。

步骤 02 此时已经应用了该道具，点击界面底部的拍摄按钮，如图6-42所示。

图6-41 选择相应的道具

图6-42 拍摄视频

步骤 03 拍摄完毕后点击左下角的“保存”按钮即可保存该视频，如图6-43所示。

图6-43 保存视频

6.8 设置随拍内容三天可见

大家在拍摄随拍视频之后，有时候并不希望让别人随时可见。多闪App提供了三天内限时可见的功能，用户拍摄的内容会呈现在“我的随拍”中，这些内容会在三天之后不再公开可见，只有本人能够浏览。下面讲述随拍内容三天可见的设置方法，具体操作步骤如下。

步骤 01 打开多闪App，用自己的抖音账号登录，然后在页面的右上角点击“头像”，如图6-44所示，进入个人中心页。

步骤 02 在个人中心页点击“设置”，如图6-45所示。

图6-44 点击“头像”

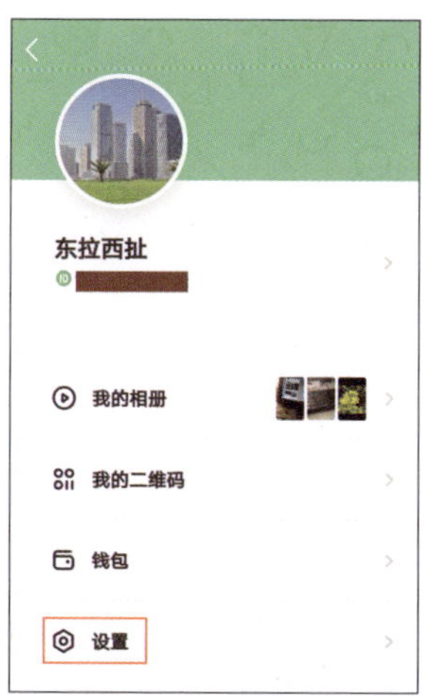

图6-45 点击“设置”

步骤03 打开设置界面后选择“隐私设置”，如图6-46所示。

步骤04 在“隐私设置”界面中下拉界面，点击“多闪设置”下的“多闪视频可见时间”，如图6-47所示。

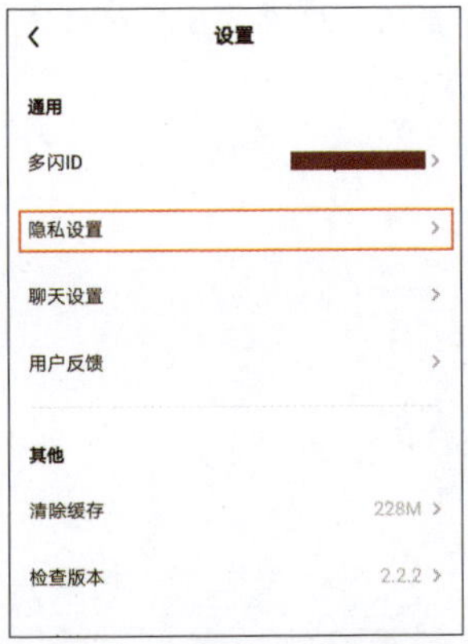

图6-46 选择“隐私设置”

图6-47 “多闪视频可见时间”

步骤05 在“多闪视频可见时间”界面中点击“三天可见”，如图6-48所示。这样所发布的随拍内容三天后别人就看不到了。

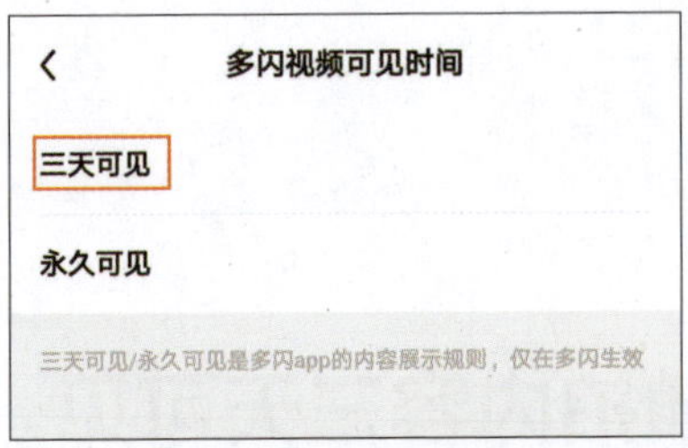

图6-48 点击“三天可见”

第 7 章

抖音引流和涨粉技巧

抖音短视频发展势头迅猛，越来越多的企业和商家进入抖音短视频这个风口。如果没有流量、不懂吸粉，就只能眼看着别人获得收益而束手无策。

7.1 追热点

在海量的抖音短视频中，要想让自己的短视频在短时间内最大可能地被更多的人看见，最常用的方法就是追热点。追热点的本质是借势营销，当热点事件发生时，很多运营者会在极短的时间内从不同的角度去解读这个热点，从而快速吸引大量用户关注。抖音视频要想得到广泛传播，往往需要借助外在的热度。

7.1.1 什么是热点

热点是指广受大众关注、欢迎的新闻或者信息。一般可以将它分为常规性热点和突发性热点两类。

1. 常规性热点

众人皆知的法定节假日、大型体育活动等，如中秋节、元旦、春节、奥运会等。常规性热点具有以下4个特点。

（1）备受大众关注。

（2）持续时间相对固定。

（3）拥有可预见性，可以提前预见、提前筹备。

（4）容易扎堆，考验创作者的创意。

2. 突发性热点

突发性热点主要是指突然发生的、不可预见的社会事件。突发性热点，留给创作者反应和准备的时间极短。所以，运营人员在追突发性热点时，必须具备敏锐的反应能力，把时效性放在第一位。这类热点比较突然，也很偶然，与此相对应，它的热度下降得也比较快。对于抖音短视频拍摄者来说，利用这类热点的难度较大。

7.1.2 寻找热点的方法

运营者要想追热点，需要快速、准确地获取热点信息。那么怎样迅速寻找热点呢？可以参考如下方法。

1. 抖音热搜榜

在抖音的搜索框下，有一个“抖音热搜”，这个内容是官方推荐的，如图7-1所示。点击“查看热搜榜”即可看到抖音热搜的名单，如图7-2所示。在利用热搜榜热词时，要注意视频话题尽量与热词吻合、视频标题文案紧扣热词。

2. 抖音人气榜单

抖音“人气榜单”，有“品牌热DOU榜”“明星爱DOU榜”和“DOU听音乐榜”等，这些榜单分别代表了用户积极参与评论的内容、用户喜欢观看的视频及非官方的热门话题，如图7-3所示。

图7-1 点击“查看热搜榜”

图7-2 抖音热搜名单

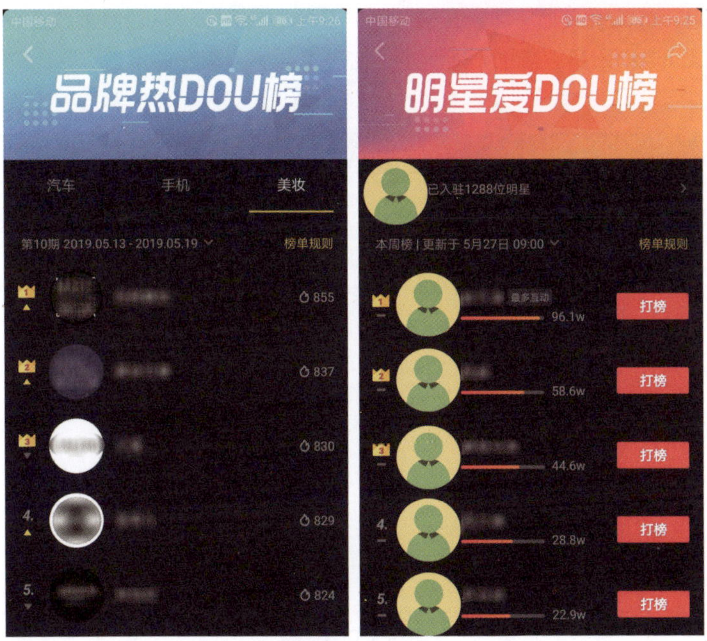

图7-3 品牌热DOU榜和明星爱DOU榜

3. 今日最热视频

在抖音中还可以查看“今日最热视频”排行榜，如图7-4所示。经常看这些榜单对于了解热门视频有重要的意义。

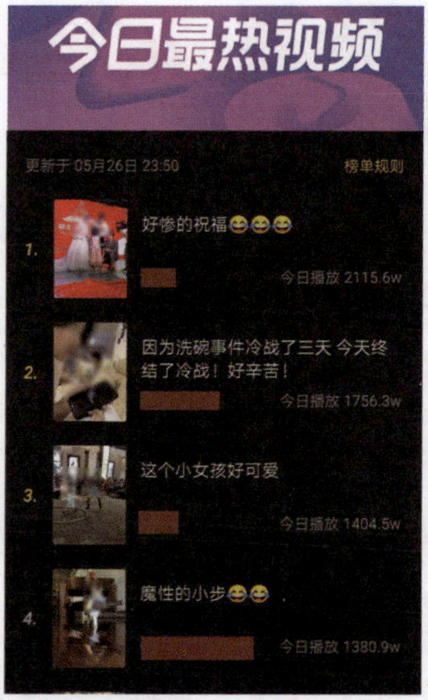

图7-4 今日最热视频

4. 百度指数

2019年3月，“流浪大师”沈巍在抖音刷屏了，十分火爆。从百度指数工具可以看出，一天内百度指数上升至8万多，如图7-5所示，这表示很多人都在搜索“沈巍”这个人名，可见其热度很高。

图7-5 百度指数

打开抖音搜索“沈巍”，可以发现很多关于“流浪大师”沈巍的视频和抖音号，很多抖音号的粉丝数还不低，如图7-6所示。

图7-6 搜索“沈巍”

5. 百度搜索风云榜

百度搜索风云榜以网民的搜索为数据基础，建立关键词排行与分类热点排行。图7-7所示为百度搜索风云榜，从中可以查看详细的热搜情况。

图7-7 百度搜索风云榜

7.1.3 抖音怎么追热点

只要热点与运营的抖音号有关联，就可以去追，那如何追热点呢？

1. 从热点本身出发

热点出来之后，往往会快速吸引大量追踪者。这时，需要从热点本身出发，科学地去追这些热点。对于哪些是热点、哪些可以追、哪些不可以追，需要有一个清晰、准确的判断，应尽量避免去追负面的、过时话题的热度。

2. 思考并加以创新

仔细思考如何正确利用热点话题并加以创新，在制作内容时可以从一些成功的案例中学习经验，再结合自身特色，做独特、有创意的视频，而非盲目跟风。

3. 速度要快

热点事件往往会在短时间内火爆，一段时间之后就会销声匿迹，被新的热点替代。所以一定要第一时间抓住热点，快速推出自己的视频。一般情况下，事件发生的1个小时内是热点的黄金期；热点事件发生的16个小时内，是用户对该事件兴趣最大的时间段。

4. 热点与抖音账号紧密结合

追热点一定要与自己账号本身细分领域的定位相结合，创造新的热点创意视频，不能简单地复制粘贴。如果热门事件与自己的账号定位没有任何关联，不要强行追热点。

5. 学会借势

在世界杯期间，发布视频时加入“世界杯”的热点信息，在视频文案中加入与“世界杯”相关的信息字眼，往往可以引起粉丝的关注。

6. 对比衬托出独特卖点

要选择合适的对比形式，不可通过打击、贬低对方来突出自己，以免导致部分粉丝的流失。

7.1.4 追热点的类型

追热点能带来短时间内流量的迅速增加。追热点的常见类型有以下4类。

1. 信息补充型

对热点中的人、物、事件等要素的基本资料信息进行补充，目的是让不了解整体情况的用户对热点事件有个基本的了解。这种追热点的方式门槛较低，因此数量较多，同质化也比较严重。

2. 深度解读型

对于那些在某个领域有一定专业度的创作者来说，深度解读是最适合他们的追热点方式。创作者通常会从热点的某个角度切入，结合专业所长，为用户提供热点事件某一方面的深度解读。图7-8所示为某中学物理教师对热点新闻“加水就能跑的水氢发动机”的深度解读。

3.娱乐模仿型

模仿类追热点的方式在抖音上是最常见的，因为模仿与合拍原本就是抖音的主要玩法之一。一个短视频受到欢迎后，其他用户会跟着模仿与合拍，如图7-9所示。用户可以对口型唱歌，尤其是网络流行歌曲，也可以直接改编歌词模仿原唱，唱出自己的风格。

图7-8 深度解读型

图7-9 娱乐模仿型

4. 观点表达型

这种类型的追热点方式常见于对一些具有争议性热门话题的讨论中，是风险度相对较高的一种方式。在争议性话题面前，表达观点就意味着争论和交锋。参与这种讨论可以加深与自身观点一致的粉丝的认同感，同时也会引起观点不一致的粉丝的不满。

7.2 通过抖音互动评论引流

抖音评论区是所有人的舞台，一条精彩的评论，往往可以弥补视频中不足的部分。抖音评论也是增加粉丝的重要途径，有些评论的点赞量比视频还高，评论内容甚至比视频内容精彩。

7.2.1 评论区引流的话术

在抖音大号的评论区做引流，要学会有效的评论话术，需要有专业的话术引流定位。

第一步，确定你要引流的人群，并且总结出这类人群的特质。

第二步，确定能与粉丝产生共鸣的点。

多数人对有些广告的喜爱度较低，当你在大号的评论区进行评论时，一定要注意定位分析，避免硬广告。

下面总结抖音评论区引流话术的写法，以供参考。

1. 精彩评论吸引粉丝

大部分网友对精彩的评论是无法拒绝的，在很多热门视频的评论中可以看到，占据前列的大多是精彩的评论，如图7-10所示。抖音运营者可以提前整理一个高赞评论的文档，在自己评论时加以运用，注意最好去与自身定位相关领域的视频评论区去评论引流。

图7-10 精彩的评论吸引粉丝

2. 打造人设

在抖音视频的评论区和粉丝互动时，可以通过评论回复粉丝你是谁、你是做什么的以及关注你可以得到什么等。在产出内容的同时，形成自己鲜明的人设，并且让粉丝知道你的价值。

3. 为用户解决问题

在评论区根据用户的提问为他们解决问题，可以体现自己的专业性，也可以吸引更多的粉丝，这样大家的提问会更加积极，更利于打造自己在粉丝心中的形象。

7.2.2 评论区头像和名字要专业

做得好的抖音大号，名字和头像大多比较专业。用户要根据自己发布的视频内容来选择专业的头像和名字。专业的头像有下列4个主要特征。

（1）体现出你的抖音内容或者评论。抖音头像一定要与发布的短视频内容及评论有关，否则粉丝很难主动去点击。

（2）头像的颜色要舒服。选择头像时必须照顾到粉丝的视觉感受。在众多抖音评论区中，绿色和红色往往看上去比较舒服。绿色可以给人温和的视觉感受；而红色可以很好地衬托出评论区的黑色文字，无论是在色彩搭配还是心理色彩学的分析上都有独特的优势。

（3）个性化、有创意的头像更具有吸引力。

（4）直接使用文字或者Logo。这样很引人注目，但要注意文字或Logo不能过大、过小，字数不能太多。

7.2.3 评论区互动技巧

互动不是简单地回复粉丝的评论，也不是简单地与粉丝在评论区聊天，而是需要掌握一定的技巧。

1. 表情、动作要丰富

抖音上除了短视频，也有直播，直播是一种互动，可以很好地维系粉丝和主播的关系。在直播中与粉丝互动时，表情和动作一定要丰富，如卖萌、比心。这些细节可以让粉丝感受到主播的积极与热情，更易加深对主播的黏性。例如，唱歌时配合跳舞，又唱又跳的表演更容易被粉丝喜欢。

2. 善于表达感谢

无论是收到粉丝的礼物还是言语的赞扬，都要向对方表示感谢，让粉丝感受到主播的诚意与热情，并有意愿继续互动。

3. 语言要幽默

不论是直播时与粉丝互动，还是在评论区与粉丝互动，最好都充满幽默感。对于本身不够外向，也没有幽默潜质的抖音主播来说，可以建立幽默话语库，平时多积累，以用于与粉丝的互动。

7.2.4 如何增加评论的数量

用好评论这个功能，可以与粉丝进行更好的互动，为主播带来更多的人气。图7-11所示为用户评论。

相对于点赞来说，让用户进行评论是比较难的，可以通过以下4个方式来增加评论的数量。

第一，在视频的结尾或者标题中抛出一个问题性的句子，祈使句、疑问句等更容易引起用户评论。这种方式容易激发用户的表达欲望，可以借鉴。

第二，巧妙地制造冲突，有争议时就会有评论。

第三，注意评论的语气，学会灵活变通。评论中的语气要与自己在视频中的语气一致，以免粉丝混淆。

第四，优先回复重点评论。面对大量评论时，首先挑选重点评论进行回复，优先回复有负面情绪的、提出建议的及互动频繁的等，然后回复其他的评论，尽量做到有咨询必回复。

图7-11 用户评论

> **提示**
>
> 随着用户数量的增长，用户的素质往往参差不齐，难免会有些低俗不堪的内容产生。因此，抖音平台在控制短视频的质量和控制评论区的言论方面是需要重点加以关注的。优化举报和评论功能，让用户自发地维护平台内容，可以有效减轻平台的压力。

7.2.5 如何吸引更多的用户点赞

抖音点赞量的多少表示这个短视频受欢迎程度的高低。抖音点赞的好处有很多，当你的抖音短视频点赞数多时，能吸引更多的用户点赞这个短视频或者转发这个短视频。抖音点赞量还是抖音算法推荐热门的参考数据之一。

如何才能获得更多的赞呢？多关注别人，多争取与别人互相关注，增加粉丝量；粉丝数量多了，点赞数自然而然也会多。吸引更多用户点赞的具体操作如下。

步骤 01 在抖音首页点击“我”，在“我”界面可看到作品，其中的作品就是上传的短视频或者其他内容，如图7-12所示。

步骤 02 点击后开始播放；点击“•••”图标，可以查看更多的作品，如图7-13所示。

图7-12 在“我”界面可看到作品

图7-13 点击“•••”图标

步骤 03 其中可看到“私信给”选项，直接点击已经关注的人的头像，在弹出的“私信给”窗口中可以给朋友留言，留言后点击“发送”即可，通过私信达到互粉点赞的效果，帮助用户获得更多的赞，如图7-14所示。

步骤 04 在“私信给”下面可以看到“分享到”选项，“分享到”下可实现转发或者分享给私信好友，以及分享到朋友圈、微信、QQ空间等其他平台，如图7-15所示。

图7-14 给朋友留言

图7-15 分享到其他平台

步骤05 可以多@好友，在发抖音的时候，可以@几个粉丝数量高的号，如图7-16所示，这样往往可以增加获得关注的可能性及增加点赞数。

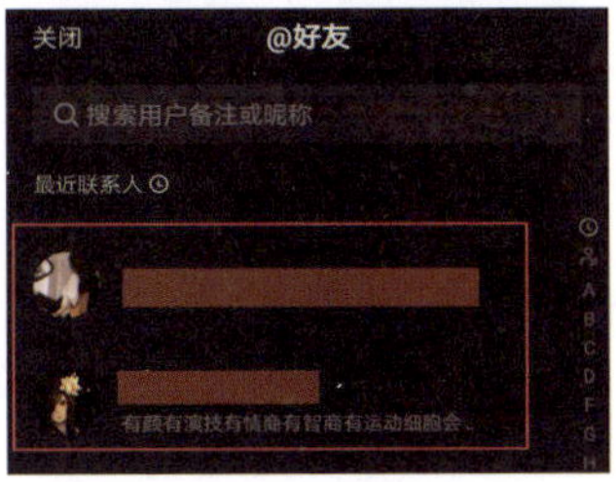

图7-16 @好友

7.3 通过社群提升粉丝留存率

推广抖音号的一个有效方法就是通过社群推广。社群已经成为粉丝增长最有效的方式之一。抖音主播建立社群的目的也是增强粉丝之间的黏性，基于同一习惯或者爱好，聚在一起的粉丝会在交互中产生聚心力，从而提高粉丝留存率。粉丝留存率高了之后，可以再利用这部分粉丝去影响更多的粉丝。

7.3.1 清晰定义目标用户群

要想在社群内做好抖音推广，首先就是清晰定义目标用户群，并且充分了解他们。

例如，你做的是美食类的抖音号，核心用户群就是全职妈妈及美食爱好者等，这些人就是你进行社群推广的对象。通过各类问答社区、QQ群等各类现有的网络信息资源，充分了解目标客户群。了解这些目标用户都关注什么问题、经常出没在哪些网站、他们喜欢讨论的内容是什么、喜欢什么样的短视频等，只有了解得更多，才能更有针对性地做社群推广工作。

7.3.2 思考社群粉丝的痛点

有了目标群体，接下来就要努力思考打动用户的产品功能点及用户需求点、痛点。前面我们已经讲到，通过各种网络社群、网站收集用户的日常生活轨迹，更接近并了解我们的目标用户群、客户群。围绕相关信息进行总结、思考，最终得出有效的、能够打动用户的产品功能点。

事实上，在这个过程中，我们很有可能会发现对方的伪需求、伪痛点，这时候就需要我们经常与目标用户互动，进行情感交流，并通过各种方式来判断这个痛点的准确性。

7.3.3 编写推广文案

通过社群提升粉丝留存率时，要构建一个与之不同的运营推广框架。列出一些与众不同的、能打动目标粉丝群的宣传点，进而梳理出推广运营方案或者其他的运营框架，然后执行推广，向目标粉丝出现的社群投放文案内容。

只有当分析、策划足够全面、详细，市场调研足够深入时，才能够通过文案、推广话术等有效引导社群粉丝。

7.4 借助音乐平台推广

利用音乐平台来推广抖音号，是一个非常前卫的方法。抖音新手如何借助音乐平台推广自己的抖音号呢?

7.4.1 音乐平台评论推广

要想在音乐平台上成功推广，有一个重要的方法就是在音乐平台发表评论，具体操作步骤如下。

步骤 01 找到抖音音乐平台上的热门歌曲。打开抖音拍摄短视频，点击“选配乐”会看到抖音音乐分类列表，在这里有各种歌单，包括热歌榜、飙升榜、抖音限定等，在这里可以发现什么歌曲在抖音更受欢迎，选择一首热门歌曲，如图7–17所示。

图7–17 选择一首热门歌曲

步骤 02 在音乐平台找到这首歌。前往网易云音乐、虾米音乐、酷狗音乐、酷我音乐、QQ音乐等流行的音乐平台找到这首歌，并观看热门评论。

步骤 03 在音乐评论区参与评论互动，巧妙地进行推广。

提示

在音乐评论区评论时要注意以下两点。

第一，评论时需要组织好话术，引起这首歌的粉丝的关注，并助你上热评；最好是与歌曲有关的评语，这样才能够引导粉丝。在评论时可以加上抖音号，如图7-18所示。

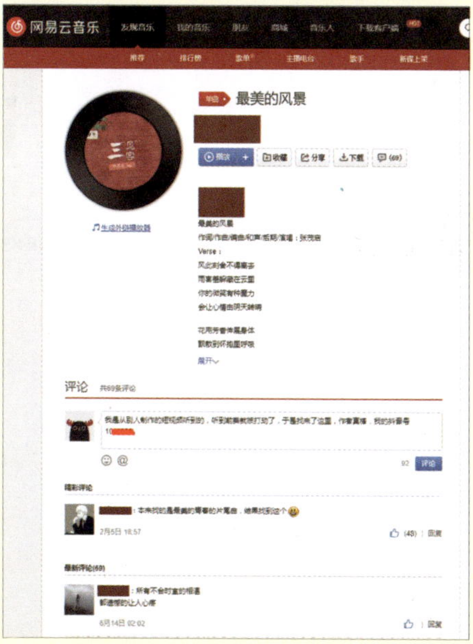

图7-18 在评论中加上抖音号

第二，进行评论时，头像、名字和主页都会得到曝光，起到引流效果。在音乐平台评论抖音热歌时，需要把头像和名字做一番设计，最好与抖音主页相似，这样才会让人印象深刻。

7.4.2 在音乐平台发布主页动态

网易云音乐是许多音乐首发的平台，用户的互动率非常高。网易云音乐中很多歌曲的评论甚至有上百万条，同城热门评论的点赞数量也可以达到几十万，可知其流量之大。因此，在网易云音乐上我们可以通过音乐社交平台推广和宣传自己的抖音账号。

网易云音乐平台上有一个类似朋友圈的功能——朋友。只要点开动态，就会跳出一个页面，可以添加一首单曲，然后发布照片和140字以内的文字内容，如图7-19所示。抖音运营者可以时刻关注抖音上的热门信息。例如，在抖音上曾经特别流行《我们不一样》这首歌，很多拍摄者以这首歌为背景音乐拍摄视频，再配上一张富有创意的图片或抖音主页图及文字内容，发布在网易云音乐平台上，这样就容易获得其他用户的评论和转发，曝光抖音账号，从而利用音乐平台实现引流。

图7-19 发布动态

在音乐平台创作者中心有一个上传视频的功能，如图7-20所示，登录后可以将一些抖音短视频在网易云音乐平台上发布，更直接地推广自己的抖音账号，进行引流。

图7-20 上传视频

7.5 社交软件推广

通过社交软件可以推广抖音短视频，如朋友圈推广、微信群推广、微博推广和QQ推广等。

7.5.1 朋友圈推广

微信朋友圈内可以发布抖音短视频，方法是直接把抖音中的短视频分享到朋友圈，这样你的好友就可以看到了。如果你的视频有趣好玩，好友就会关注。当然，这种操作不能太频繁，否则会被好友屏蔽朋友圈。图7-21所示为在朋友圈推广。

图7-21 朋友圈推广

7.5.2 微信群推广

通过微信群可以推广抖音号。微信群已经成为增加粉丝的最有效的方式之一，要想抖音号更加火爆，就必须抓住社群的力量。

可以在自己组建的一些微信群中定期发布自己的抖音消息和视频，提升存在感和增加曝光率。当然了，这和朋友圈推广有一个共同点，那就是选择发送的视频质量要高，不能频繁发送，并且要注意时间点，一般选择晚上或者中午。图7-22所示为在微信群中推广。

此外，可以加入一些微信群，在参与互动中发布抖音内容，慢慢引导群成员对你的关注。

图7-22 微信群推广

7.5.3 微博推广

要想推广和营销，离不开微博平台。利用微博来推广引流的具体方法如下。

第一，利用微博与粉丝互动，不定期在微博发福利，表达对粉丝的重视和关爱。只要发的内容受到粉丝喜爱，粉丝就会主动转发，博主就会获得更多关注，起到持续扩大粉丝阵营的作用。只有用心经营粉丝，持续与粉丝对话，才能产生推广和转化的效果。

第二，可以在微博发布抖音短视频片段及创作花絮、心情，表达自己的想法，让粉丝更近距离地了解自己，如图7-23所示。

图7-23 在微博发短视频片段

第三，利用微博“大V”来推广引流。与一些微博“大V”合作，让“大V”为自己推广，以引起更多的人转发和关注。

第四，利用微博超话社区推广。所谓超话社区，就是微博用户搜索量、阅读量、发帖量、粉丝量比较高的一些话题。可以根据自己要进行推广的产品来选择相应的话题，如果你是做餐饮的，那么就可以关注“餐饮”“美食”等超级话题，然后去发帖引流。

7.5.4 QQ推广

QQ是办公、日常生活交流必不可少的一个社交软件，它让人们的社交更加方便，同时QQ也是非常好的抖音推广工具。利用QQ推广抖音时，可以从以下几个方面出发。

（1）巧妙设置QQ头像、昵称。根据自己的抖音性质来设置，把QQ号的名称设置为抖音名称，把QQ头像设置为抖音头像等。

（2）提高QQ日志的浏览量。QQ日志也可以用来推广抖音，这需要每天编辑日志文章，更新动态。

（3）空间送好友礼物。通过发送礼物，在礼物中设置留言，如在留言中加入抖音号、抖音短视频内容简介等来推广抖音视频。

（4）个性签名。QQ的个性签名也可以用来做推广，设置个性签名与QQ空间的说说同步并在个性签名中加入抖音的内容。

（5）QQ空间的评论。经常去评论别人的日志、说说，在对方空间留下相关信息。

（6）多加好友、加群。要想利用QQ进行推广，需要多加一些好友和群，以增加曝光率。

7.6 参加挑战活动，利用官方做推广

抖音主播要想提升知名度和增加曝光率，想让自己的抖音短视频获得更大力度的官方推荐，可以参加抖音平台的一些挑战活动。

7.6.1 发起抖音挑战赛，直接增加曝光率

要想更好地推广自己的抖音号，可直接在抖音中发起挑战赛。你的挑战赛参加的人数够多，就会直接曝光你的抖音号，带来粉丝增长和流量。

发起抖音挑战赛的步骤如下。

步骤 01 打开抖音App，点击右上角的“查找”图标，如图7-24所示。

步骤 02 打开图7-25所示的界面，在顶部的搜索框中输入“挑战赛”，点击“#舞动广场之巅”链接。

步骤 03 打开图7-26所示的界面，点击底部的“参与”按钮，即可录制视频发起挑战赛。

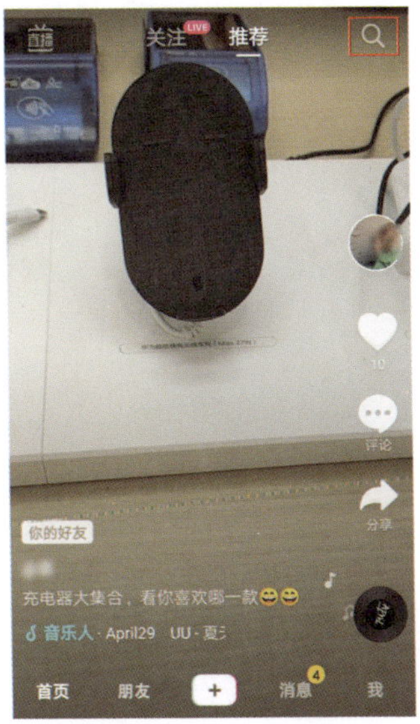

图7-24 点击右上角的“查找”

图7-25 输入“挑战赛”

图7-26 点击“参与”按钮

7.6.2 关注抖音小助手，及时发现火热挑战赛

“抖音小助手”会定期推送最火热的挑战赛，图7-27所示为“抖音小助手”界面。

这些挑战赛通常情况下都有几千万人甚至几亿人观看和参与。因此，抓住热度高的挑战赛，适当发布优质视频，参与挑战，你就有可能搏出位，获得点击率，赢得曝光。

当然了，我们不能每一个挑战赛都参与，一定要选择适合自己的挑战赛。在参与时细心观看挑战赛的内容，参考抖音示范及那些百万点赞量的参与者的做法。同时，要写好参与挑战赛的文案。通过数据分析、定位理论等方式找到合适的挑战赛，然后制作出优质的视频并上传，这样推广的精准度会更高。

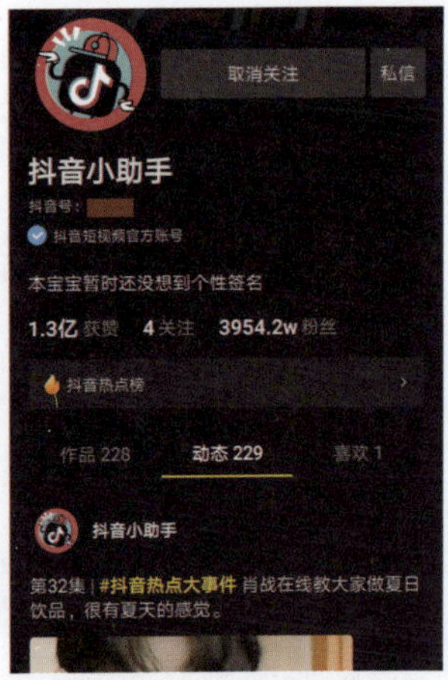

图7-27 “抖音小助手”界面

第8章 抖音直播

开通抖音直播，归根结底是为了进一步进行深度营销，而营销就要学会使用一定的方法来进行引流和转换。在这个内容为王的自媒体时代，抖音直播引流来的粉丝有较高的转换率和购买率，可以达成抖音直播快速盈利的目的。相对于其他短视频App，抖音的直播观看入口和开通方法显得比较隐晦，但这并不意味着抖音团队不重视直播。

8.1 网络直播为什么如此受欢迎

抖音也可以开通直播，抖音直播受到越来越多的人，尤其是新一代网民的青睐。为什么直播会如此火爆？抖音直播究竟有哪些优势呢？

8.1.1 现场直播更真实

直播可以直接呈现事件完整的过程，让信息来源的真实性更加可靠。尤其是一些社会热点事件，通过现场直播更容易让网民明白事件的整个过程。直播使内容更加真实，网民可以看得见、听得到，比传统的文字、图片信息的可信度更大。图8-1所示为直播生产现场，让人觉得更加真实、可信。

直播带货与以前传统的图文介绍或者视频宣传比，有了更真实的场景代入感和视觉冲击力，真实可见的商品能让客户更快决定是否购买。很多客户不了解的产品功能通过直播的方式可以直观地展示出来。图8-2所示为直播带货。

直播带货，一方面让产品更真实、价格更实在，另一方面对厂商来说，缩短了渠道距离，节约了以往过多的渠道成本。

图8-1 直播口罩的生产现场

图8-2 直播带货产品更加真实

8.1.2 内容观赏性强，更有利于信息传播

互联网时代，直播作为新的社交方式，融合了文字、语音、画面等多种表现形式，内容的观赏性更强，适宜人群更广，传播范围更广，传播速度更快，更利于信息的传播。

直播让原本陌生的人有了更为直接的沟通方式。直播的内容有价值，能快速有效地传递给粉丝。通过直播我们可以了解到不同行业、不同职业人群最真实的工作和生活方式。

8.1.3 融互动、有趣于一体

大多数网络直播平台都有很强的互动性。即使定位不同、针对的人群不同、功能有差异（如主播和粉丝之间的互动、粉丝与粉丝之间的互动），但都是以社交为基础的。图8-3所示为粉丝与主播在直接互动。

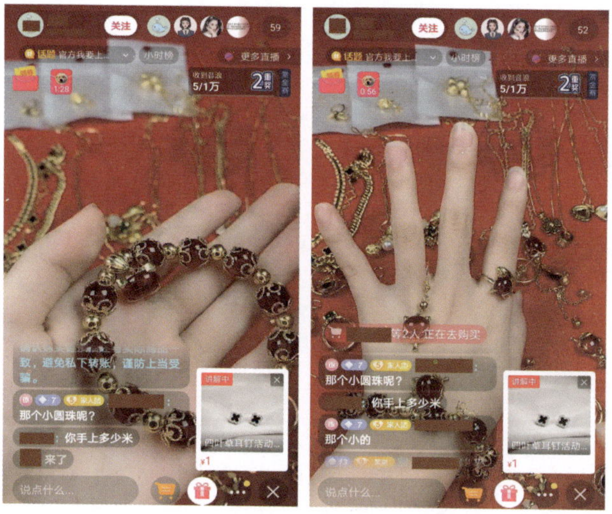

图8-3 粉丝与主播直接互动

我们对直播平台印象深刻的就是其输出并沉淀的大量具有娱乐性的内容。喜剧、歌舞不再局限于专业演员，越来越多有表演才艺的人投身其中，把身边的故事经过简单的加工呈现在我们面前。直播为全民提供了一个大舞台，只要你有才艺、有梦想，就能通过直播将自己的才能展现出来。

8.1.4 可将视频分享到多个平台

直播之所以火爆，有一个原因是承载它的平台是个开放式的平台，包括上传、互动、分享等，使主播与观看者、分享者之间形成了一个完美的闭环：主播现场直播，供粉丝在线观看；粉丝对直播内容发表自己的观点、看法、评论，与主播或其他粉丝互动；粉丝在观看完视频之后，将自己感兴趣的或认为对自己有用的信息进行分享等。抖音支持用户将视频分享到自己的直播账号或转发给第三方，如图8-4所示。

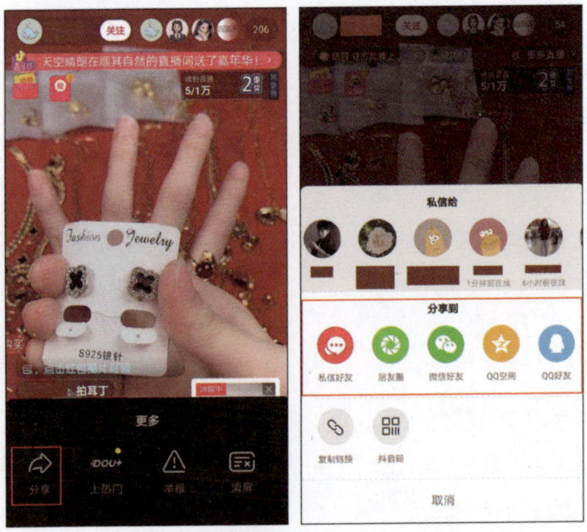

图8-4 将视频分享到多个平台

8.2 抖音直播如何赚钱

直播的作用强大，无论是自带流量的知名人物还是普通人，善于利用直播往往更容易获得巨大的曝光量，得到更多的关注，乃至实现商业价值。

8.2.1 开通商品分享功能

在抖音开网店，可以选择“商品分享功能”，商品分享功能是指可以在自己视频和主页中分享商品。开通这一功能后，你的抖音主页会增加“商品橱窗”功能，可以在橱窗中添加需要分享的商品。若发布视频时添加了分享商品，则视频左侧和视频评论区顶部会有“购物车”图标。若消费者对商品感兴趣，则可以通过商品橱窗和购物车来了解详情及进行购买，如图8-5所示。

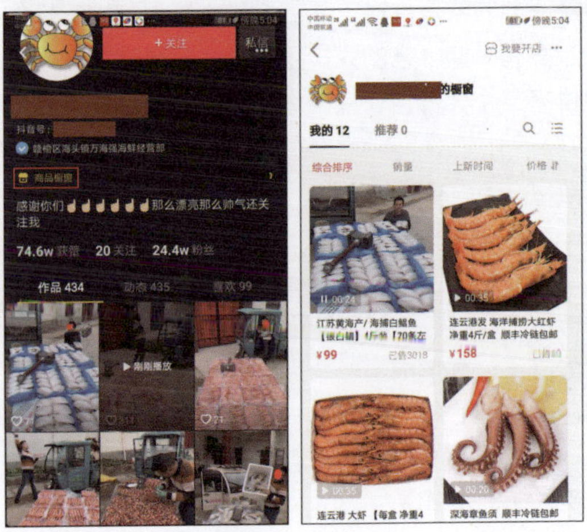

图8-5 商品橱窗

开通商品分享功能的具体操作步骤如下。

步骤 01 进入抖音点击“我的”，在界面中点击右上角的☰，如图8-6所示。

步骤 02 进入设置界面，点击“创作者服务中心”，如图8-7所示。

图8-6 点击右上角的☰

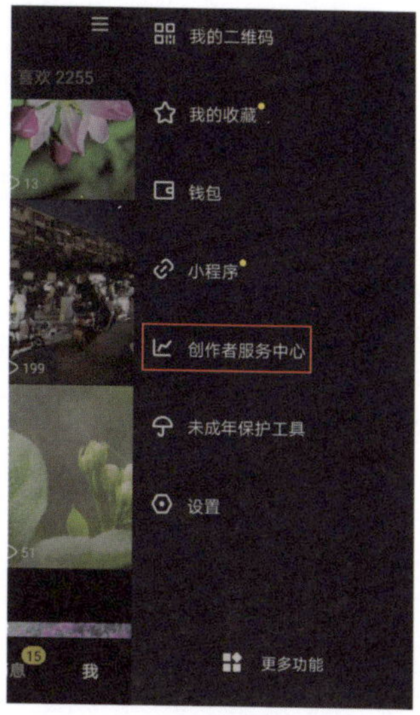

图8-7 点击“创作者服务中心”

步骤 03 进入图8-8所示的界面，点击“商品分享”。

步骤 04 进入“商品橱窗”界面，点击“商品分享权限”，如图8-9所示。

步骤 05 进入“商品分享功能申请”界面，点击“立即申请”按钮即可，如图8-10所示。

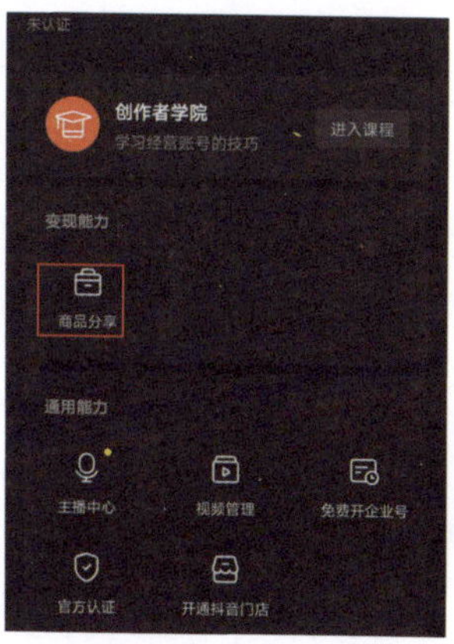

图8-8 点击“商品分享”

图8-9 点击“商品分享权限”

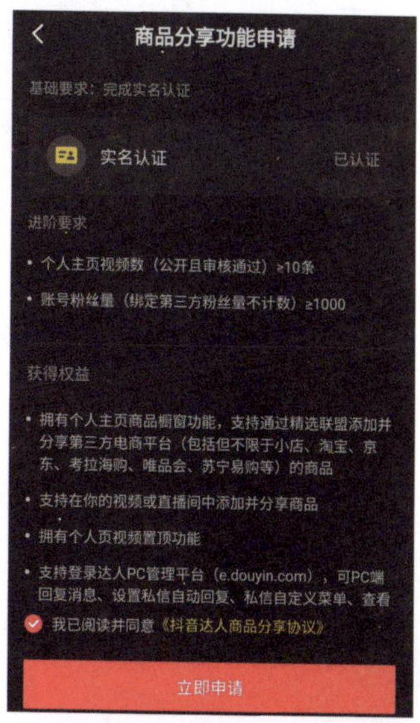

图8-10 点击“立即申请”按钮

8.2.2 抖音小店卖货

抖音小店是抖音为主播提供的电商变现工具，帮助主播拓宽内容变现渠道。抖音小店是店铺，与淘宝店铺的性质相同，可以用来卖货，如图8-11所示。

相比把流量给淘宝或者被达人将流量转化到微信端，抖音更期望能够把大量的精准流量沉淀到自有平台，抖音竭力打造抖音小店就是想从微商的手里分一杯羹，逐渐将抖商的概念传达给用户。这是抖音小店最重要的意义，可以在抖音内部完成交易，降低跳失率。

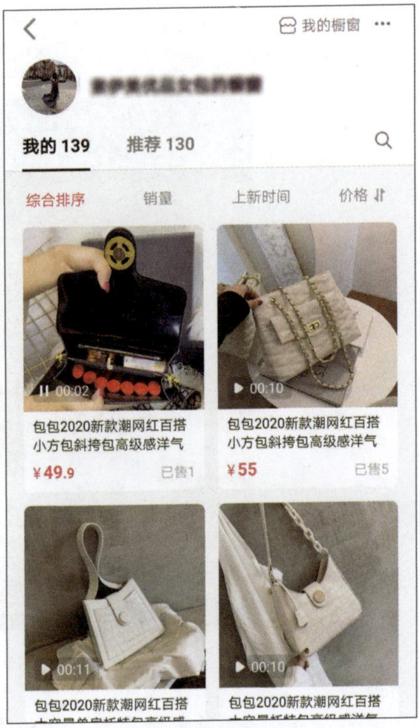

图8-11 抖音小店卖货

8.2.3 直播带货

直播带货是目前直播最火也是变现较快的方式，主播一款一款地介绍在售产品，由粉丝在评论区留言，告诉主播要买哪款。这种模式的竞争力来源于正在直播的商品，依靠直播中的商品吸引粉丝。

直播带货的优势在于环境、氛围的购买刺激，最重要的是直播渠道中的价格优势。

8.2.4 为企业、品牌做宣传

视频直播已经是大势所趋，不仅可以高效卖货，而且能够帮助企业增加品牌价值。在传播形式日益多元化的今天，越来越多的品牌企业发现了抖音的营销宣传价值。抖音直播独特的模式，让许多品牌形象变得立体化；品牌借助平台增加传播的互动性、趣味性，也使其影响更有穿透力，比电视广告更能打动消费者。图8-12所示为品牌利用抖音直播做宣传。

品牌企业因为销售渠道众多，做直播以宣传为主，作用在于提升知名度，一般以曝光度、点击率等为主要考核目标，而对销售额不做硬性要求。

图8-12 品牌宣传

8.2.5 粉丝打赏

粉丝充值购买礼物之后可以进行打赏，只要直播的内容足够吸引并打动粉丝，这些粉丝就会通过直播平台设定的虚拟礼物进行打赏。

直播平台的主播，其打赏来源于粉丝赠送的虚拟礼物，如鲜花、金币、跑车、飞机等，不同的虚拟礼物对应的虚拟货币不同。而这些礼物就是主播除了底薪外的其他直接收入。图8-13所示为粉丝打赏界面。

在直播过程中，需要与粉丝进行良好的互动。互动做到位之后，粉丝才会更加喜欢你，从而更愿意进行打赏。

另外，在直播时，应拒绝那些毫无营养、非常无聊的聊天内容，这样的内容容易压榨粉丝的时间，粉丝觉得一无所获，自然不会打赏。因此，我们在直播前要进行粉丝调查，调查粉丝喜欢什么内容，然后针对这个内容进行直播。戳中粉丝需求点的直播往往可以获得更多好评，也能获得更多打赏。

图8-13 粉丝打赏

8.3 抖音直播的开通条件

抖音目前没有完全开通直播权限，仅对部分用户开放。对于想要开通抖音直播权限的抖友来说，抖音粉丝数量是一道门槛。

8.3.1 开通方式

保持抖音App为最新版本，查看是否有直播权限。点击抖音首页下方的“[+]”，滑动页面底部的拍摄模式至“开直播”，即可进入直播间，如图8-14和图8-15所示。

图8-14 滑动至“开直播”

图8-15 进入直播间

提示

开通抖音直播有什么用？

开通抖音直播主要有两个作用：一是赚钱，二是吸引粉丝。

抖音赚钱主要是来自粉丝的打赏，这个需要主播有一定的语言魅力，与粉丝互动性强，给粉丝带来欢乐。另外，抖音直播还可以接广告赚钱。

在直播的时候，也会有直播间的排名。如果你的直播排在前面，就会有更多的粉丝进入你的直播间。这时候你对粉丝加以引导关注，介绍一些经验技巧或说些笑话逗乐进入直播间的人，就很容易吸引粉丝。

8.3.2 签约公会

直播火爆的背后是需要“推手”的，目前抖音并没有直接刷直播的端口，想要被主动搜索到的可能性不大，所以需要抖音主播加入公会。对于新人主播来说，与公会、抖音进行三方签约，“火”的可能性更大。

提示

签约公会的优势如下。

第一，收入稳定。签约抖音公会的主播一般有一定的固定工资和福利待遇。对于抖音新主播来说，大多没有稳定的收入来源，签约能通过直播收入来维持生活，还能在一定程度上帮助自己进行职业规划。

第二，强势扶持。对于能够通过抖音公会考核的新人主播，签约之后能够得到抖音公会在各方面的扶持，如风格定位、化妆指导、直播内容建议、技巧提升、素质培训、包装推广等，这些都是新主播比较欠缺的。

第三，手续简单。通过抖音公会开通直播，在很大程度上简化了直播权限申请的过程，与抖音官方达成协议的抖音公会，一般会有自己的绿色通道，这样开通起来就很快了。

抖音主播签约公会的具体操作步骤如下。

步骤 01 打开抖音，点击底部的“我”，然后点击☰图标，如图8-16所示。

步骤 02 点击下方的“设置”，如图8-17所示。

图8-16 点击☰图标

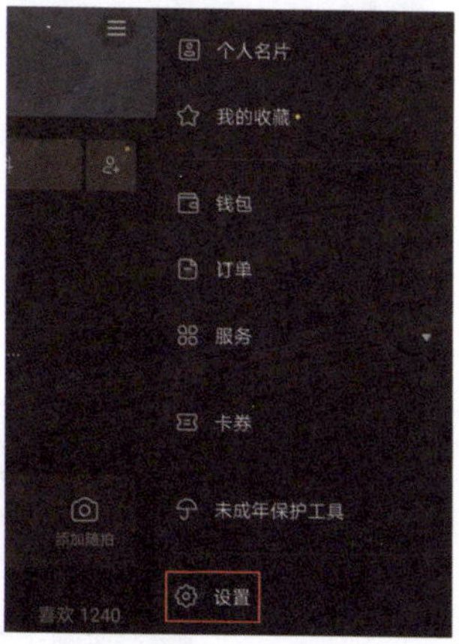

图8-17 点击“设置”

步骤03 在设置界面点击“反馈与帮助”，如图8-18所示。

步骤04 进入“反馈与帮助”界面，点击“问题分类”后的“更多”，如图8-19所示。

步骤05 进入“问题分类”界面，点击“直播相关”，如图8-20所示。

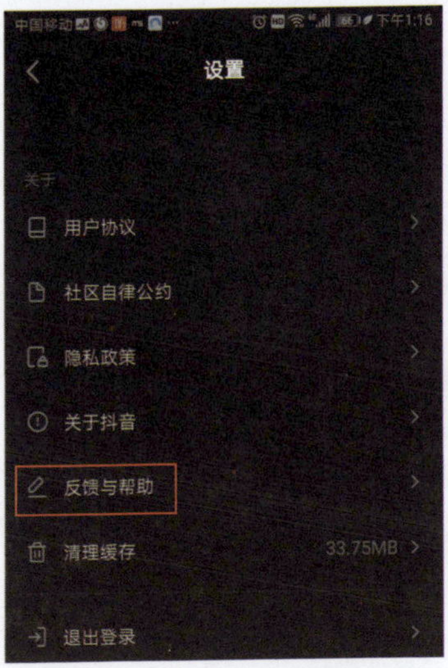

图8-18 点击“反馈与帮助”

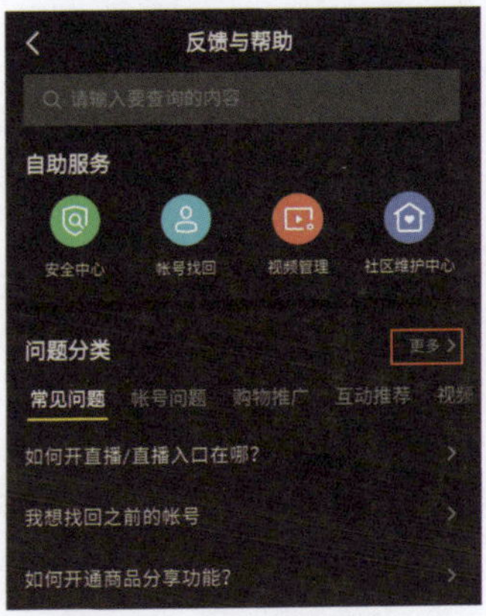

图8-19 点击“更多”

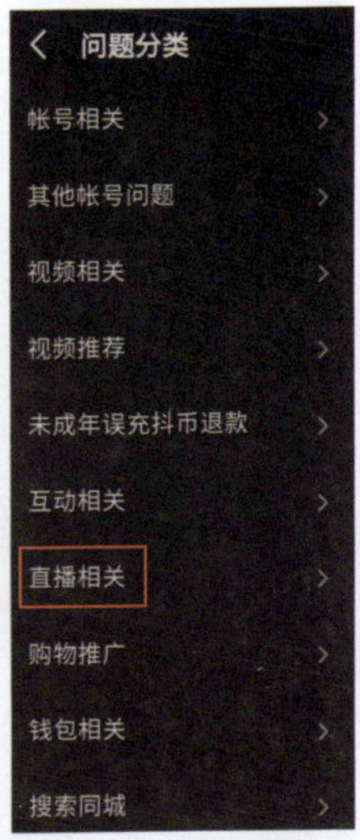

图8-20 点击“直播相关”

步骤06 点击“公会”进入下一界面，如图8-21所示。

步骤07 点击“如何加入公会？”，如图8-22所示。

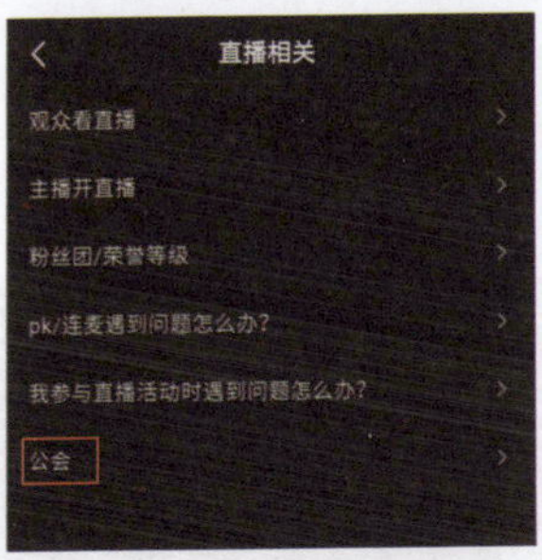

图8-21 点击“公会”

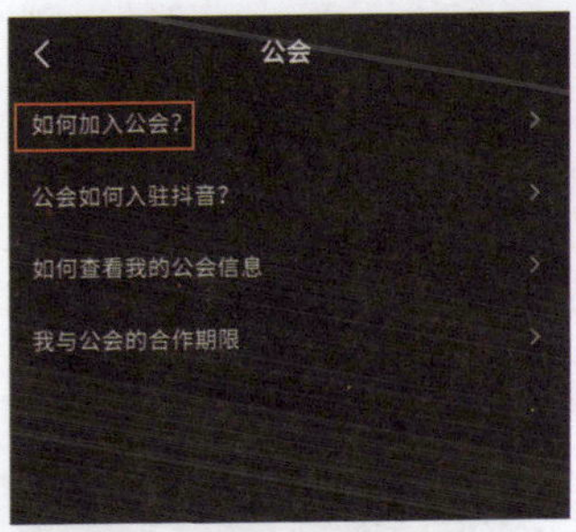

图8-22 点击“如何加入公会？”

步骤08 进入“问题详情”界面，界面中有“如何加入公会？”的相关介绍，如图8-23所示。

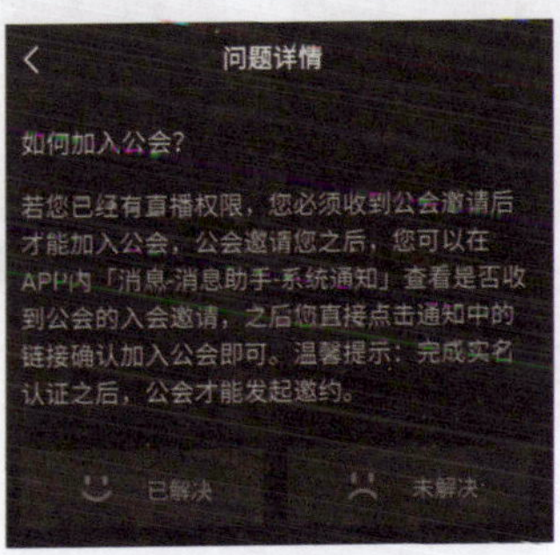

图8-23 介绍页面

8.3.3 独立签约

独立签约的申请方式与申请直播权限相似。只需要将抖音的账号昵称、抖音号和常用的微信号按照格式编辑好，发送到抖音的官方邮箱。通过后，官方会添加申请人的微信号进行核实并与之交谈，选择合适的进行签约。

抖音官方平台的签约合同一般没有固定工资，而是采取礼物分成的方式，新人主播的分成比例为30%以上，根据直播流量效果有一定的鼓励资金。

合同期满后，若主播的人气等方面提升显著，直播的分成也会相应提高。建议开通直播权限的“抖友”先进行试播，检验自己是否合适的同时，也能积攒一些谈判资本。

8.4 抖音直播带货

做直播带货的重点是人和货。下面就介绍直播带货的货品选择、直播预热文案的写作和直播带货话术等内容。

8.4.1 直播带货选品技巧

产品选不好，产品质量不过关，容易失去粉丝的信任。下次再直播卖货时，粉丝就不会再相信你的产品质量了。所以，产品的选择很重要。下面介绍直播带货产品的选择技巧。

1. 产品与账号定位属性相关联

直播内容要与账号定位垂直，系统才会根据你的垂直内容贴上精准标签，推荐给更精准的粉丝。产品选择也一样，你的账号如果主攻女装，直播带货产品尽量选择女装类相关产品。一方面你对相关产品比较熟悉，另一方面也符合粉丝对账号的预期，更有助于提升产品转化。图8-24所示为选择的产品与账号定位一致的直播界面。

图8-24 产品与账号定位一致

2. 产品亲自使用过

只有亲自使用过产品，才能知道它到底是不是一款好产品，是不是你的粉丝想要的，将你对产品的真实使用感受传递给观众，如有哪些优点、该如何使用等，才更容易获得信任。

如图8-25所示，在直播间卖羽绒服，需要知道这个羽绒服是什么材料，适合多高、多重的人穿，在什么场合穿，可以搭配什么裤子等。这些都需要你穿过并研究后才能给出结论。在直播间根据实际使用感受，向观众、粉丝推荐你的产品，产品才会更有说服力。

图8-25 试穿体验展示

3. 产品要有卖点

只要产品有卖点，就不怕卖不出去，有了卖点，再借助抖音平台进行扩散，转化就很有效率了。

产品基本都有卖点，但如果主播把产品的每个卖点都讲出来，则往往会让人觉得这个产品很平庸，反而没有了亮点，销售爆单的可能性就比较小。

在进行产品推荐时，往往要先提炼出一个卖点，最多提两个主推的亮点，再集中花几分钟来把亮点讲透，来佐证自己的观点，吸引粉丝下单。

4. 借助工具选择产品

学会使用工具是非常重要的运营方法，选择直播带货的产品也一样。数据分析工具可以让我们知道直播产品在平台上的受欢迎程度，如哪些产品在直播峰值的时候销量最高、被点击的次数最多、交易的最多等。

先根据这些数据，获得高销量产品的名称、品类、单价、来源等各项信息，然后根据自己的账号定位及粉丝需求，从中挑选最适合做直播带货的产品。常用的数据分析工具有西瓜工具、飞瓜数据等。图8-26所示为飞瓜数据工具统计的618抖音商品热榜。

图8-26 飞瓜数据

5. 根据粉丝需求选品

粉丝一般是因为你的特定属性能满足他们的需求才关注的你，所以你选择直播带货的产品时，一定要了解粉丝的需求。

例如，在直播间售卖的产品会吸引哪些粉丝，这些粉丝有什么特征、对产品的需求是什么，你的产品主要是面对男性还是女性，他们的消费能力如何、对产品的要求是什么等。在了解了粉丝的需求后，根据他们的需求来选择产品，才能更有效地促进直播间的产品成交。

6. 选择高热度产品

与短视频追热点的逻辑一样，直播带货产品的选择也可以依据热点来选品。例如，端午节直播卖粽子，中秋节卖月饼，高温入夏时卖空调，刚入冬时卖羽绒服，或者是当下某个时间带火的某款产品，都是我们可以借热度的产品。

无论粉丝是否需要这件东西，在某个热度期内，粉丝都会保持高度关注，即使不买，他们也可能会在你的直播间热烈讨论相关话题，从而提升直播间热度。

7. 选择高性价比产品

高性价比的产品都会在直播带货中更占优势，产品的销量主要与产品的性价比有直接关系。一般情况下，产品性价比越高，销量越高。

8. 选重复购买率高的产品

直播带货，粉丝群体相对稳定，较难快速增加新客户。所以，产品的购买频次会影响收益，也会影响粉丝的活跃度。在选产品时，选一些重复购买率高的快消品，会有更好的效果。

8.4.2 选择适合自己的直播带货模式

目前比较常见的直播带货形式主要包括直接卖货模式、基地走播模式、定制模式、砍价模式、秒杀模式和产地直播模式等。

1. 直接卖货模式

直播卖货模式主要就是卖产品，直播内容就是直播间的各个款式，主播一款一款地介绍在售产品，详细讲解产品功能，通过各种促销活动来提升销售额。这种模式的竞争力来源于产品。

2. 基地走播模式

基地走播模式主要以展示场地或者制造工艺、细节为主，通过这样的方式来销售产品。主播在直播基地做直播，一般提前到基地选好货，基地做好准备后，主播在现场开播。

一般基地的装修和直播设备比较高档，直播时画面画质比较好，容易使粉丝冲动下单。直播中往往有较多的产品，而且这些产品经过主播筛选后，会比较符合粉丝的需求。

3. 定制模式

所有的产品，主播自己找工厂定制。主播根据粉丝的需求，推出特有的款式，同时也保证品质。这种模式的成交率主要来自粉丝对主播的信任及对款式的认同，操作难度最大，门槛最高。

4. 砍价模式

主播拿到货主的商品后，把商品的优缺点告诉粉丝，同时也告诉粉丝商品大概的价值，征询有意向购买的粉丝。在这个基础上，货主报价，主播砍价，价格协商一致后成交。

主播赚取粉丝的代购费和货主的佣金。这种模式下，一货一品，容易哄抢。而粉丝也喜欢围观砍价和成交过程。

5. 秒杀模式

主播和品牌商合作，帮品牌商带销量，同时给粉丝谋福利。这个模式中，主播带货能力越强越受商家青睐，拿到的折扣也越低，而主播的收益来自“坑位费”和销售返佣。

6. 产地直播模式

无论是自产自销还是产地直销，这种模式性价比最高，如卖水果等。模式玩法简单明了，但直播内容每天相同容易使粉丝感到乏味。

8.4.3 直播预热文案写作技巧

在每场直播之前，必不可少的就是直播预告，如海报预告、抖音短视频直播预告、站内站外预告等，这些都离不开直播预热文案的写作。好的文案能起到画龙点睛的作用，戳中用户的痛点，勾起用户的好奇心。下面介绍直播预热文案的写作技巧。

1. 传递直播价值

用户看直播除了打发时间之外，最关心的就是直播可以为他带去什么价值，是价格优惠的商品还是值得收藏的干货等，在直播预热文案中，必须告诉用户直播主题是什么。直播能给用户带来哪些价值等，如图8-27所示。

2. 设置直播福利

在直播预热文案中，设置专门为用户准备的福利环节，如抽奖、买一赠一、红包、特价产品等，是非常具有吸引力和诱惑力的。在文案中应该重点强调这些福利活动，让用户看了就想来你的直播间，如图8-28所示。

图8-27 传递直播价值

图8-28 设置直播福利

3. 留下直播悬念

一场直播一般两三个小时，所有的内容依靠直播预热文案是介绍不完的。所以，要学会设置悬念，留一半藏一半。

4. 打造直播场景

单纯从文字介绍上无法让有些用户感受到你直播的价值，这时可以通过营造与直播主题相关的场景来吸引他们。

8.4.4 直播带货话术

新手做直播，往往会有遇到很多问题，如不知道怎么说话、直播间经常冷场、不知道说什么等。下面介绍直播带货时一些常见的话术，仅供了解。

1. 引导关注话术

想吸引进入直播间的新用户关注，可以采用下面的话术。

话术1：欢迎进来的朋友，不要着急马上走，点点关注不迷路，主播带你上高速。

话术2：主播今天刚起步，支持我就加关注，主播绝对没套路。

话术3：感谢XX的关注，还没关注的抓紧点关注，主播每天给大家带来不同惊喜。

话术4：一见主播点关注，二话不说刷礼物，都是粉丝别吃醋，你的温柔我记住。

话术5：关注一下主播，主播每天X点开播，喜欢主播的可以帮忙分享一下。

2. 直播欢迎话术

在直播开场时，要对来看自己直播的用户表达感谢，采用下面的话术可以给人亲切感，有助于让观众在进入直播间的第一时间感到亲切舒服。

话术1：欢迎大家来到我的直播间，我是一名新手主播，新来的朋友不要着急马上走，人间自有真情在，点点红心都是爱，天若有情天亦老，来波关注好不好。

话术2：欢迎XX回来，你是我的老朋友了，每次上播都能看到你的身影，真的特别感动。

话术3：刚进来的小伙伴，可以等一下后面的朋友，没有点关注的，给主播点点关注。

3. 直播间感谢打赏话术

直播间有人给你刷礼物进行打赏时，可以采用下面的话术。

话术1：谢谢XX姐姐的礼物。

话术2：我姐人美话不多，美的没话说。

话术3：谢谢我的小星星送我的眼镜，带上这个眼睛，我觉得我是整条街最靓的“仔”。

话术4：不管礼物有没有，祝你幸福到永久。

4. 直播聚人话术

直播间聚集人气，可以采用下面的话术。

话术1：前10名进入直播间的粉丝可以领取一包洗脸巾。

话术2：每隔10分钟公布一次中奖名单。

话术3：前5名进入直播间的朋友名单已经出来了。

5. 追单话术

很多用户在下单时会犹豫，需要主播用追单话术来刺激用户下单，可以采用下面的话术。

话术1：线上抢购的人数多，以收到款项的时间为主，大家看中了，抓紧时间下单。

话术2：这款数量有限，如果看中了一定要及时下单，不然一会儿就抢不到啦。

话术3：这次货品折扣仅限本次活动进行时间，错过了，就不会再有这个价格啦，抓紧时间，

话术4：这款产品只有3分钟的秒杀优惠，没有购买到的亲赶紧下单。

8.5 直播运营与推广

下面介绍直播运营与推广，包括直播间背景的布置、直播间灯光布置方法，以及如何制作高点击率的直播间封面、写出吸引人的直播标题、推广自己的直播等。

8.5.1 直播间背景

在直播平台上，每个主播都有自己特定的“房间”，即直播间，主播在这里与粉丝互动交流。粉丝进主播直播间第一眼看到的就是整体的效果，因而直播间的布置尤为重要。装扮好直播间才能吸引观众，下面介绍直播间背景的布置技巧。

1.符合主播风格

直播间背景是衬托主播气质及风格的重要部分，因此背景布置一定要与主播本身气质相符。主播是什么样的风格，直播间就布置成什么样的风格，如图8-29所示。风格可以在欧式、现代、韩式、美式、中式、地中海风格等中进行选择。

2.背景干净简洁

直播间背景最基础就是要干净简洁，不要花哨、凌乱。一个到处是杂物乱糟糟的房间会让粉丝对你的好感度瞬间消失。在开播之前，一定要留心直播间的环境，先整理干净，不要草草开播。

背景的色系也不宜过多，多色系虽然艳丽，但是容易分散观众的注意力。如果直播背景是窗帘，尽量选择纯色或浅色的，给人感觉更精简，视觉效果更宽阔，如图8-30所示。深色或者纹路复杂的窗帘会造成观众视觉上的压迫感，让人感到不舒服。直播场所的不同，选择的背景也不同，如在卧室直播和在客厅直播选择的背景存在差异。

图8-29 主播风格

图8-30 纯色和浅色背景

干净、明亮的墙纸也是打造完美直播间的必备品。可根据主播的喜好选购墙纸。注意不要选过于个性或花哨的墙纸，好看的墙纸可以瞬间让你的直播间高端起来，摆脱直播间的单调。

3. 构图

整个人离镜头远近要适中。太近了会有压抑感，太远了会有距离感。

4. 装饰点缀

直播间细节处理很重要，如果直播空间很大，为了避免直播间显得过于空旷，可以适当添加一些装饰背景，如添置一些绿植或是当地特色的物件，既精美又好看，如图8-31所示。此外，还可以在背景中的置物架上放一些体现主播品位的书籍、自己喜欢的相框等。

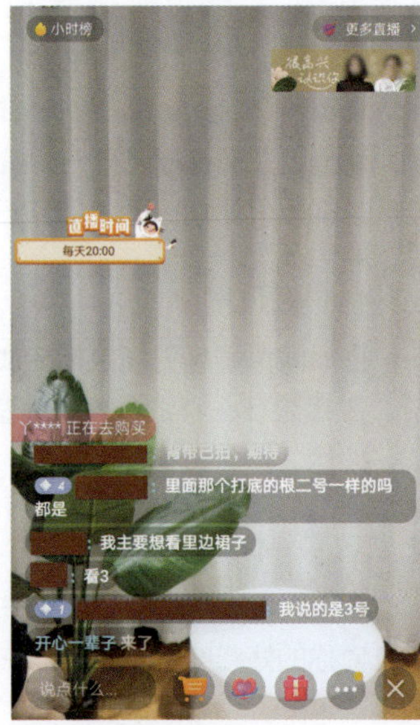

图8-31 装饰点缀

8.5.2 直播间灯光布置

很多刚做直播的人，不懂得如何布置直播间灯光，导致直播场景中光线昏暗，视觉体验差。好的灯光布置，可以增加人物整体的立体感，起到突出侧面轮廓的作用。下面介绍直播间灯光布置技巧。

1. 尽量使用散光源

如果直播间光线太强，可以用白布适当地遮挡，尽量避免光线直射。前置的补光灯和辅助背景灯尽量选择可以调节强度的灯，自己调节光源强度，更容易达到比较好的灯光状态。

2. 主灯

主灯是直播间主要光源，承担着主要照明的作用，使主播脸部受光匀称。注意灯光不要太暗，可以使用几十瓦的节能LED灯，灯体稍大些更好，更有利于体现空间的光感。

3. 补光灯

补光灯也是非常重要的，需要注意的是除非补光灯可以调节亮度，否则不要把补光灯正对着脸。补光灯要反向照射对着主播正面的墙，然后结合使用反光板，反光板漫反射的暖光更软化、更柔和，这样会显得皮肤较白，看起来更舒服。

4. 辅助背景灯

辅助背景灯起到辅助作用，分为冷色调和暖色调，背景灯可以使直播间的光线均匀舒适。

主灯为冷光，辅灯为暖光，两组补光为暖光，整体效果为暖光，暖光可以使主播皮肤看上去更自然，暖暖的感觉也会让观众觉得舒服。

主灯为冷光，辅灯为冷光，两组补光为冷暖结合偏冷光，整体效果为冷光，冷光可以使主播皮肤看上去更加的白皙透彻，前面补光稍微增加一点暖色，可以使皮肤在白皙的同时增加一点红晕。

8.5.3 设置高点击率的直播封面

抖音直播封面就是直播间的门面，门面是否有吸引力，直接决定了用户是否会进入直播间。设置了封面的抖音直播间，往往比使用默认头像为封面的直播间观看人数要多。

高点击率直播封面的特征如下。

1. 干净清晰

模糊不清的封面会让用户看第一眼就走，错失吸引用户进入直播间的机会。所以，直播间封面一定更要干净清晰、简洁大方，以给人留下好印象。

2. 突出人物标签和特点

根据账号鲜明的特点，设置突出账号标签特征的直播封面。

例如，你是萌宠主播，封面尽量与萌宠有关；如果你是卖服装的主播，封面则需要突出服装特点。尽量不要设置与直播内容毫不相关的封面，这会影响用户在直播间的停留时长。

3. 避免低俗

不要为了博眼球，使用一些低俗和具有暗示性诱惑类的封面。这样的直播封面如果被官方检测到，会被重置，失去吸引力。严重的还会收到禁播警告。

4. 直播封面更换频率

尽量从最开始就设置符合账号特色的直播封面，让喜欢你的观众在看到直播封面的第一时间，就知道是你，从而进入你的直播间。当然，如果直播间人气持续较低，也可以尝试更换不同的封面来吸引人，最终找到适合自己的直播封面。

8.5.4 提炼吸引人的直播标题

直播标题的好坏也是决定用户是否进入直播间的关键。提炼直播标题时注意以下5点。

1. 突出主播特征

在标题上突出主播特征，如性格特征可爱、高冷等；突出人物特征，如厨师、医生、学生等，有利于用户在第一时间获取主播的关键信息。

2. 突出内容和展示才艺

突出内容和展示才艺，让用户第一时间知道你的直播间到底是做什么的。如果你的直播间主要是唱歌，那么就在标题中标明音乐主题；如果你有独特才艺，更要在标题中突显出来，进一步吸引用户进入直播间。

3. 突出新颖玩法

如果你的直播过程中有特价秒杀活动，或者赠送福利的环节，可以在标题中适当的透露出来，吸引用户关注你的直播间。

4. 突出实力和内容信息

这里主要是从直播标题让用户知道你的专项特长，如“跳舞达人”“歌霸”等。

5. 直播标题禁忌

在写直播标题时，有一些事项需要注意，避免标题触犯直播平台规定，导致直播间被限流，甚至被禁播。

当然，除了直播标题可能违规之外，在直播过程中，如果出现了违规操作或者违规用语，也会导致直播间被限流或封号。

8.5.5 推广自己的直播

在抖音直播开始前，需要探索各种推广方法，为直播间聚集人气。下面介绍抖音直播推广的方法。

1. 基础推广

在抖音想要推广自己的直播，首先要利用一切可以曝光信息的位置，露出直播信息。最简单的就是在直播抖音号个人主页封面及个性签名处添加直播时间预告，让用户和粉丝打开你的个人主页，就能看到相关直播信息，如图8-32所示。

2. 站外文案直播宣传预热

如果你的推广文案写得好，可以利用软文推广抖音直播，如撰写热门原创文章，然后选择覆盖人群广的第三方平台，如微博、微信群、相关网站等，为直播间预热宣传，在方案内容中附上直播的链接，让用户能更精准找到你的直播地址，并准时观看。

很多大主播经常在微博进行直播预热宣传，告诉粉丝直播时间。例如，薇娅在微博发布的直播预热文案：“6月12号晚上19：00！生活节来了！超低折扣打滴滴，自拍超好看的OPPO手机，代步小电动车，宝宝的魔术小玩具……你想要的这都有，美好生活就从咱们直播间出发哈哈哈！……”，如图8-33所示。

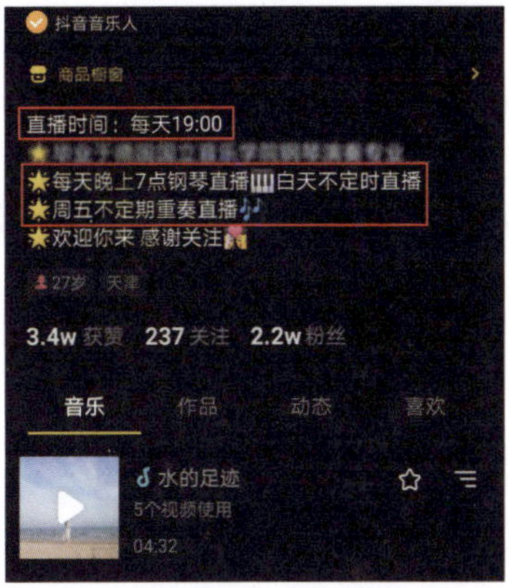

图8-32 个性签名处添加直播时间预告

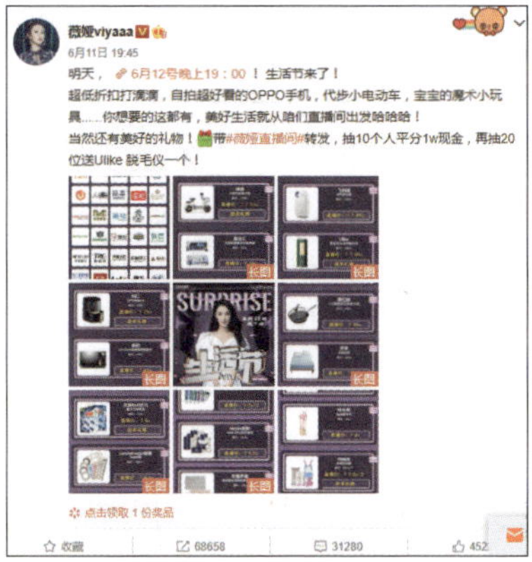

图8-33 站外文案直播宣传预热

在发布直播预热文案时，尽量展现出亮点，以吸引更多用户进入你的直播间。

3. 直播前发视频推广

抖音直播想要提升人气，可以在直播前发一个推广视频。在开播前，在抖音发布开播预告短视频，短视频的完播率、互动率等数据若表现优秀，则会被系统推荐进入更大的流量池，这时候再开启直播，能直接给你的直播间引流。

如图8-34所示，在直播前发布直播预热短视频，直接说明“点击进入直播间”。这时如果用户对直播感兴趣，点击即可进入直播间。

4. DOU+直播推广

DOU+直播上热门工具是为直播间导流的工具，能够在直播期间，为直播间带来更多观众。图8-35所示为DOU+直播上热门界面。

直播DOU+针对直播进行优化，在主播直播期间进行投放，审核通过后会在30分钟内完成目标用户投放。

图8-34 直播前发视频推广

图8-35 DOU+直播上热门

8.6 抖音直播的技巧

在直播进入大众视野后，各种直播平台和App层出不穷。可无论各平台如何花样百出的抢占市场，主播一直都是直播的核心价值，重要性不言而喻。抖音直播越来越火爆，许多有才艺、有颜值的主播都开始进行直播。那么抖音直播到底有哪些技巧呢？

8.6.1 把握礼物赠送时机引起关注

给主播打赏过的人都知道，在打赏过后主播都会说一句“谢谢XX的礼物”，这时你就会觉得被关注了，很多平台打赏后页面会有特效，有的人很享受这种打赏后的满足感，进而不断打赏。

对为自己提供知识、娱乐消遣的主播，予以合理范围内的打赏鼓励，是维系直播文化良性运转的必要前提。主播通过直播获取收益，提供价值，而粉丝们提供一定的资金，获取价值。

提示

赠送礼物可以在一定程度上体现粉丝对主播的认可度及粉丝的活跃度，能够直接拉近粉丝与主播距离。

主播在接受礼物赠送时，怎样引起更多粉丝关注呢？

1. 学会感恩

从某种层面上来讲，粉丝送礼物给你，你的收入都是粉丝的礼物累积起来的，所以主播一定要对粉丝怀有一个感恩的心。

2. 尊重粉丝

粉丝愿意为你送礼物，就是对你付出的肯定，也是对你最大的支持。当粉丝给你送礼物时，一定要对粉丝表达感谢，使粉丝感受到被尊重。

3. 多一点真诚

不要总想着“坑”粉丝，即使是引导，也要让粉丝心甘情愿的给你送礼物。

4. 懂得礼轻情意重

在接受礼物时，不要因礼物太小而不理粉丝。礼物大小不重要，重要的是粉丝认可你、喜欢你。

提示

抖音直播之所以这么火主要归功于抖音短视频的巨大流量。既然有流量就会有赚钱的方法，抖音赚钱的主要方法就是开直播收取粉丝赠送的礼物，如果你的抖音账户粉丝数很多，开直播就会得心应手，也会很容易获得收益。

8.6.2 与粉丝交流的注意事项

主播与粉丝交流时，应该注意以下3点。

1. 对待新老粉丝方式

老粉丝是长期的支持者，新粉丝是未来潜在的支持者，与这两者的交流要保持一定的度。跟老粉丝的交流可以借助QQ、微信等场外手段，与他们分享自己的快乐与悲伤，鼓励他们活跃房间氛围。在直播间直播的过程中，应以新粉丝和游客为主，让他们感到自己得到了主播的重视，从而成为你的忠实粉丝。当然，在这个过程中并不是说与老粉丝不交流，而是要把握一个度。

2. 唱歌类直播中唱与交流的占比

唱歌类直播的主播一定要把功夫下在唱和表演上，提升演唱功底，同时配合语言交流把整个表演的过程尽量连贯起来，但是要把握好唱与交流的度。

3. 交流语言与自己的风格要相符

什么样的主播，吸引什么样的粉丝，主播交流的语言应与自己的风格相符。如果走清新路线，说话时要更萌一些；如果走性感路线，说话时就可以泼辣一些，总之就是要让你的主流粉丝开心、不反感。

8.6.3 新主播互动技巧

许多新手主播在直播时会遇到互动不够、容易冷场等问题。直播间的互动有一些技巧，以下供新主播参考。

1.表情动作丰富，带动气氛

很多新手网络主播在直播间容易犯的错误之一就是表情动作僵硬，不够丰富。主播除了要善于调动现场气氛外，还要尽可能地增加与粉丝间的交流，提升粉丝的参与度。除了微笑，新手主播也要有更丰富的表情和动作，如卖萌嘟嘴，如图8-36所示，又如增加一些手势和表情，如图8-37所示。这些细节让粉丝感受到你作为主播的积极与热情，更容易对你产生好感，从而更愿意去消费或打赏。

图8-36 卖萌嘟嘴

图8-37 配合手势

2. 大方一点动起来

唱歌的时候一定要试着去挥动胳膊与大家互动，如果能唱跳那就更好了。粉丝往往更喜欢又唱又跳的表演，在直播时一定要动起来，如图8-38所示。

图8-38 主播边唱边跳

3. 多谈自己生活感受和经历

在直播时可以谈一些自己的生活小事，这容易拉近主播和粉丝的心理距离，如最近去了哪些地方做了哪些事，以及某一时期的思考与感受等。

4. 要有自己独特的直播风格

要善于变换直播的方式，有创新意识。要有自己的直播风格，多与粉丝互动，打成一片。直播时充分展示语言的魅力，文明、有趣的聊天能够吸引素质高的粉丝，带来不一样的感受。无论怎样变换风格，最终的目的是吸引粉丝的关注。

5. 选择合适的直播时间

很多主播觉得晚上7点~11点是黄金时期，都抢着这个时间开直播。其实黄金时期上线的大主播更多，新人主播很难与那些大主播竞争，这时应学会合理的错峰直播。此外，当主播发觉自己选择的当前直播时段人气状况不理想时，可以考虑更换其他直播时段，以发掘更多的潜在粉丝。

8.6.4 直播推送，多平台分享开播提醒

只有提高自己的知名度，吸引更多的粉丝，才能通过抖音直播获取收入。

除了抖音内分享，还可以通过分享按钮生成直播链接，直播间的网址分配是不会变的。网址链接可以用文字形式放在其他平台甚至网页上，且支持直接打开，这就为我们选择更多平台推广提供了便利。

多平台分享的具体操作步骤如下。

步骤 01 在直播间底部，点击“更多…”按钮，弹出“更多”对话框，如图8-39所示。

步骤 02 点击“分享”，弹出图8-40所示的界面，点击分享到“微信”。

图8-39 点击“更多…”按钮

图8-40 点击“微信”

步骤 03 弹出分享的抖音号，点击底部的“保存并分享”，如图8-41所示，即可弹出“图片已经保存至本地相册”的提示，如图8-42所示，在微信中即可发布保存在相册中的视频。

图8-41 点击底部的“保存并分享”

图8-42 图片已经保存至本地相册

8.6.5 抖币充值

直播间提供的免费互动功能及道具有限，想要获取更多玩法和权限，就需要使用抖币。抖币与其他常见的直播虚拟币类似，都是用人民币进行充值统一换算的，是兑换虚拟礼物的单位。

用户可以用抖币购买本平台上虚拟礼物等各项产品或服务，也可将购买的虚拟礼物赠予主播或平台创作者。

抖币充值的具体操作步骤如下。

步骤 01 打开抖音短视频App后，在“我”界面中点击右上角的“菜单”按钮，如图8-43所示。

步骤 02 进入个人资料界面，点击“钱包”，如图8-44所示。

图8-43 点击右上角的“菜单”按钮

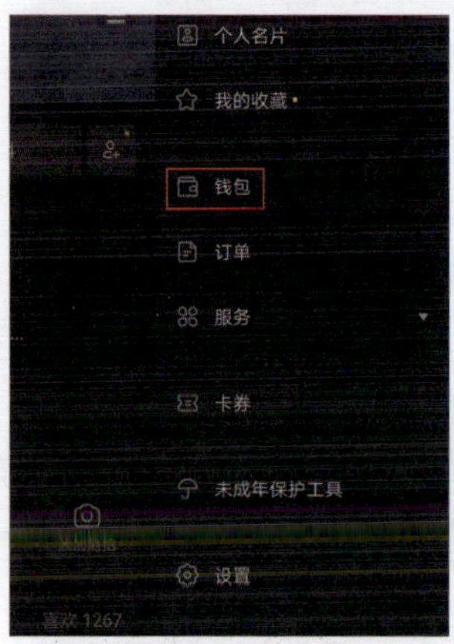

图8-44 点击“钱包”

步骤 03 进入“钱包”页面，点击“充值”按钮，如图8-45所示。

步骤 04 进入“我的钱包”页面，可以看到目前你已经有的抖币，点击下面的充值选项，可以选择充值金额，如图8-46所示。

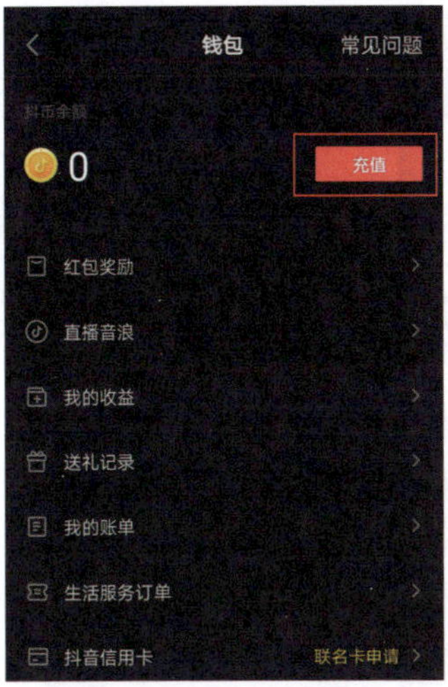

图8-45 点击“充值”按钮

图8-46 选择充值金额

步骤 05 弹出微信或支付宝支付的方式，这里选择“支付宝支付”，如图8-47所示，然后点击“确认支付”按钮。充值完成后即购买抖币成功。

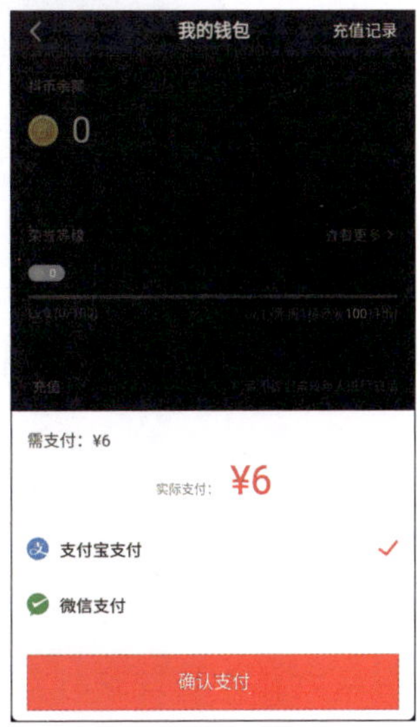

图8-47 选择支付方式

8.6.6 加入粉丝团

只关注主播的是直播间的一般粉丝，不具有稳定性。加入粉丝团的是核心粉丝，也就是忠实粉丝，一般是长期稳定观看直播的人。

对于用户来说，如果有自己喜欢的主播，就可以申请加入他们的粉丝团。加入粉丝团的具体操作步骤如下。

步骤 01 打开抖音App，找到自己感兴趣的主播，如图8-48所示。

步骤 02 进入主播的直播间，在左上角是该主播的抖音昵称，在昵称下方是粉丝团，点击这个粉丝团称号，如图8-49所示。

图8-48 找到自己感兴趣的主播

图8-49 点击粉丝团称号

步骤03 点击后会在下方出现一个界面，下方显示“限时折扣 加入粉丝团（10抖币）”的提示按钮，即加入粉丝团需要10抖币，如图8-50所示。

步骤04 加入粉丝团并不是免费的，点击提示按钮后系统会提示需要充值，充值完成即加入了粉丝团，如图8-51所示。

图8-50 点击“限时折扣加入粉丝团”

图8-51 提示充值

8.6.7 快速提高抖音直播人气

抖音直播提高人气的途径主要有以下两种。

1. 粉丝

粉丝是直播间人气的最主要来源，粉丝的积累是一个漫长的过程。高粉丝主播有强大的粉丝团，如图8-52所示。当你开启直播后，只要关注你的粉丝都会收到一个直播通知，他们可以通过这条通知直接进入你的直播间。

2. 小时榜排序

除了粉丝直接到直播间以外，还会有游客从小时榜列表中进入，如图8-53所示。假如你的直播在小时榜排名中靠前，那就相当于有一个广告位推荐，直接吸引观众进入你的直播间。

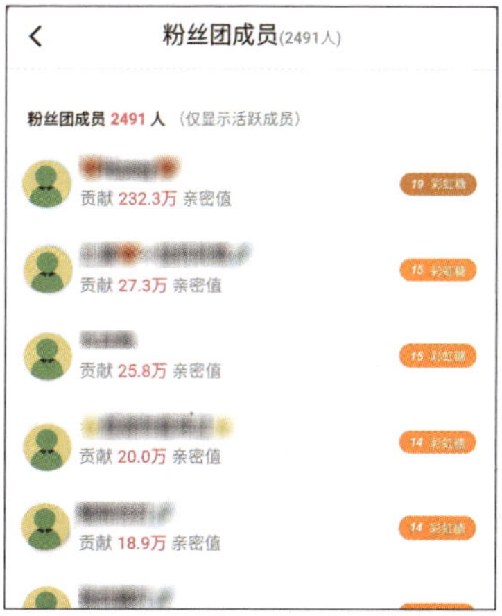

图8-52 强大的粉丝团

图8-53 小时榜

8.6.8 抖音直播留人技巧

想要打造一场高人气的抖音直播，不仅要想尽办法吸引用户来直播间，还需要想办法留住用户。下面分别介绍直播开场、直播中及直播后半场的留人技巧。

1. 直播开场留人

抖音直播开场主要是快速吸引大家的注意力，聚集人气。在直播开场中，可以通过以下方法来吸引大家关注。

（1）利用暖场话术。

通过暖场话术向观众表示感谢与欢迎，拉近与观众的距离。

（2）安排直播抽奖。

对于很多无意间刷到你直播的用户来说，无论你的直播主题是否与他相关，当他知道只要参与就有机会抽奖时基本会留下来观看。

2. 直播中留人

直播开场吸引关注后，下面介绍在直播中如何留人。

（1）价值内容留人。

一个高人气的直播间，它的直播内容永远是最核心、最能吸引用户留下来的。在抖音直播时，要紧紧围绕直播主题展开，最大限度地分享你准备好的“干货”内容。只有这样，用户在看了你的直播后才会觉得有用，继而主动留下来，甚至关注你的下一次直播。

（2）直播互动留人。

直播是一个互动的双向交流，作为主播千万不要只顾着自己说。在直播过程中，要及时了解大家的需求和回复问题。同时也可以引导用户提问或者回复，让大家更有参与感。另外，也可以发起直播连麦，与其他在线的主播进行线上交流以丰富直播内容。

3. 直播后半场留人

当抖音直播进入后半场时，无论是主播还是看直播的用户都会有些疲倦。这时可以再次通过直播抽奖等方式来提高大家的积极性。后半场的直播抽奖可以在开始前就进行预告，如在直播中场时，就告诉大家今天准备了什么抽奖活动。通过提前告知，吸引他们继续留在直播间观看。